JEHAN SARRAZIN

SOUVENIRS
de Montmartre
et du Quartier-Latin

Préface par CH. VIRMAITRE

PARIS
JEHAN SARRAZIN, ÉDITEUR
79, rue des Martyrs, 79

1895

SOUVENIRS

de Montmartre et du Quartier-Latin

JEHAN SARRAZIN

SOUVENIRS
de Montmartre
et du Quartier-Latin

Préface par CH. VIRMAITRE

PARIS
JEHAN SARRAZIN, ÉDITEUR
79, rue des Martyrs, 79

1895

Préface

Paris capitale de la France.
Paris le cerveau de l'Univers.
Paris la ville lumière.
Paris le café de l'Europe, comme l'a si bien qualifié l'abbé Galiani, au siècle dernier, est le rêve de tous ceux qui se « sentent quelque chose dans le ventre » de tous ceux qui ont une ardente soif de gloire, de tous ceux qui ambitionnent la fortune et les honneurs.

Voir Naples et mourir dit le proverbe, bien plus vraie est cette maxime : *Voir Paris et y vivre !*

Jacques Sanguin, prévôt des marchands de la ville de Paris sous Henri IV, vers 1592, s'exprimait ainsi sur le compte de la ville de Paris :

« *Sire, on vous a dict que le populaire de Paris était turbulent et dangereux, otez vous cela de l'esprit. Sire voilà vingt années ou à peu près que je m'occupe d'administration ; or, il m'est de science certaine qu'on insulte méchamment vostre bonne ville de Paris.*

« *Elle renferme, il est vray, deux sortes de populations bien dissemblables d'esprit et de cœur. Le vray populaire, né et élevé à Paris, est le plus laborieux du monde, voire même le plus intelligent ; mais l'aultre, Sire, est le rebut de toute la France. Chaque ville de vos provinces a son égout qui amène ses impuretés à Paris.*

« *Par exemple, une fille se fait-elle engrosser à Rouen, vite elle prend le coche et vient débarquer à Paris, où elle ensevelit sa honte. Elle met au monde un petit estre, et c'est le Parisien qui nourrit cet enfant que le Normand a eu le plaisir de faire ; puis on dict :* le Parisien aime la cote !

« *Un homme a-t-il volé à Lyon ; pour échapper à la police, il vient se cacher à Paris, et comme le mestier de voleur est le plus lucratif par le temps qui court, il coupe les bourses de plus belle. S'il est pris, voicy ce qui arrive. C'est le Parisien qui est le volé, qui nourrit le Lyonnais qui est le voleur, et l'on dit en Province :* Il n'y a que des bandits à Paris.

Un *Marseillais a-t-il assassiné. Paris est son refuge et son impunité ; s'il occit encore quelqu'un, c'est-à-dire un Parisien, la province dict :* Il y a plus d'assassineurs à Paris que dans tout le restant de la France.

« *Sire, il est temps que cela finisse. La ville de Paris ne doict plus être l'hostellerie des ribaudes et des bandits de vos provinces. Que des lois énergiques rejettent cette écume loin de la ville et que le flot parisien reprenne sa pureté.* »

Le prévôt Sanguin justifie son nom par cette diatribe, cela était peut-être vrai alors, mais bien moindre, car on ne venait à Paris que par le coche, tandis que cela est sûrement vrai aujourd'hui à cause de la rapidité et des facilités des moyens de communications.

Mais à côté des gens qui viennent cacher leurs méfaits à Paris, il y a comme compensation ceux qui viennent apporter aux Parisiens, leur jeunesse, leur esprit, leur courage, leur force, leur talent, leur persévérance, et qui, promptement, par assimilation, deviennent plus parisiens que les Parisiens eux-mêmes.

D'ailleurs, Paris est ville ouverte, c'est une bonne fille, accueillante pour les travailleurs et les audacieux, mais impitoyable pour les misérables et les coquins qui finissent toujours par recevoir leur châtiment, soit par le mépris de l'opinion publique, soit par la justice.

Le provincial, qu'il soit Marseillais, Lyonnais, Normand, Auvergnat ou Limousin, n'arrive pas à Paris avec les mêmes aspirations, les mêmes idées, les mêmes goûts, et le même tempérament.

Les uns, imbus d'idées de grandeur, ont recours aux grands moyens, ils rougiraient de se livrer à un métier quelconque, Pour arriver à la réalisation de leurs projets, ils s'ingénient à trouver des protecteurs influents, pour escalader les barrières qui ferment la route à ceux qui débutent, route si dure à parcourir, que beaucoup restent en chemin, fourbus et découragés ; les autres, sans souci du qu'en dira-t-on, plus courageux ou mieux organisés, ou encore, élevés à l'école du malheur, commencent d'abord par assurer leur existence par le travail qui, en même temps, donne à l'homme l'indépendance et la liberté, en attendant la gloire et parfois la fortune, car un métier ne déshonore pas l'homme, c'est l'homme qui déshonore le métier.

A notre époque fin-de-siècle le préjugé est une blague, depuis que l'on voit des coiffeurs et des chapeliers députés, qui ont appris le droit en faisant une friction au Portugal, ou en retapant un vieux castor, on ne doit pas s'étonner de voir des bacheliers marchands de peaux de lapins ou garçons de lavoir, c'est le renversement de la logique, mais depuis que le midi s'est annexé Paris, on me dirait qu'une sardine bouche l'écluse de la Monnaie, qu'une ablette a fait sombrer un bateau mouche, ou qu'un hareng saur danse la gigue au Moulin Rouge, que je répondrais : c'est possible, malgré que j'aie vu et connu dans ma vie bien des choses extraordinaires depuis l'inventeur du fer à friser la chicorée jusqu'au poète qui avait mis en vers les Mystères de Paris.

Paris est la ville des surprises, ce qui s'y dépense chaque jour de génie pour gagner sa vie même aux dépens des autres, c'est inénarrable.

Paris est le conservatoire du truqueur.

On n'y meurt pas d'amour on en vit.

Quand on n'a pas de billets de banque on en fabrique.

Je vous recommande pour les écouler, le moyen suivant qui est un trait de génie.

Un homme, marche le long du trottoir, un crochet sur le dos ; chargé d'une cinquantaine de bottes de mouron ; il semble plier sous le poids du fardeau, il rase les maisons ; tout à coup, on entend un bruit formidable : c'est le crochet du pauvre homme qui s'est abattu dans une glace placée à la devanture d'un marchand de vin ; la glace est brisée en mille morceaux, l'homme se lamente, le marchand de vin, furieux, sort de la boutique et l'invective grossièrement.

— Mais je suis un malheureux, répond le marchand de mouron,

Et il pleure à chaudes larmes.

La foule s'amasse et plaint l'homme, pour lequel elle prend parti contre le marchand de vin ; tout à coup, un homme, ayant l'aspect d'un ouvrier endimanché, fend la foule et s'adresse au marchand de vin :

— Y faut pas avoir confiance en ces gens-là, y en a qui sont propriétaires ; ce sont des monteurs de cou, il faut le fouiller.

La foule, qui a entendu et qui connait la légende des mendiants, chez lesquels on trouve des trésors enfouis dans leur paillasse, approuve l'homme et répète en chœur.

— Il faut le fouiller.

Le marchand de vin, encouragé, fouille l'homme ; dans une poche du pantalon, il trouve un papier graisseux, un morceau de journal plié en quatre, il arrache fébrilement le papier et découvre 14 francs !

— Fouilles encore, dit le passant.

Le marchand de mouron résiste et pleure de plus belle.

— Je suis un pauvre homme, ce sont mes économies du mois ! gémit-il.

Le marchand de vin, sans s'arrêter à ses lamentations, continue son exploration ; toutes les poches fouillées, il ne trouve rien.

— Vous oubliez le gousset du pantalon, ajoute le tenace et impitoyable passant.

A ce mot, le marchand de mouron porte vivement la main à la ceinture de son pantalon, le marchand de vin lui arrache la main et fouille dans le gousset ; de ses deux doigts, il extrait un papier soyeux, plié, froissé, comme par un long séjour dans la cachette où il vient d'être trouvé, il le déplie.....

C'est un billet de mille francs !

La foule est furieuse, elle traite le marchand de mouron de canaille, de voleur, de mangeur du pain des pauvres, c'est un véritable débordement d'injures, le marchand de vin fait chorus.

— Sale proprio, tu voulais nous monter le cou, tu vas y aller de ta bonne galette.

Le marchand de vin triomphant rentre dans sa boutique, et fouille dans son comptoir ; il revient peu après avec huit cent vingt francs qu'il donne au marchand de mouron ; cette somme, avec le prix de la glace formant le complément du billet de mille francs.

Le marchand de mouron, qui paraît résigné, reprend son crochet qu'il charge péniblement sur ses épaules, puis s'en va doucement suivi des huées de la foule.

Le lendemain, le marchand de vin, ayant un paiement à faire, donne le billet de mille francs au garçon de banque.

— Mais il est faux votre billet.

C'est le cas de dire que les marchands de mouron ne sont pas que la providence des petits oiseaux, ils sont aussi celle des faussaires.

Plus haut je parle des courageux qui viennent à Paris chercher fortune, mon ami et confrère Jehan Sarrazin est de ce nombre, il me prie de lui écrire une préface pour le présenter aux lecteurs et de mettre en ordre ses documents et ses Souvenirs, c'est avec plaisir que je le fais, quoique vraiment c'est modestie de sa part, car sa figure originale et sympathique est assez connue à Paris pour n'avoir pas besoin d'un chaperon.

Depuis une dizaine d'années à Paris seulement, Jehan Sarrazin est essentiellement Parisien, c'est plus qu'un boulevardier, c'est un Montmartrois, au moins autant que moi qui l'habite depuis soixante ans, cela tient à son caractère particulier, à sa ténacité et à sa force de volonté qui l'ont fait triompher de tous les obstacles.

Il n'est pas un provincial qui ne connaisse Sarrazin.

— Voulez-vous des olives et de la Poésie ?

Cette phrase prononcée sans obséquiosité, avec un sourire j' m'enfoutiste, étonne d'abord, on regarde l'homme, avec une bonne envie de lui répondre :

— Non ! laissez-moi tranquille.

Mais empoigné par je ne sais quoi on lui répond :
— Oui !

On mange les olives et on lit la poésie : deux régals pour un.

Dès ce moment, Sarrazin devient un ami.

On ne s'imaginerait pas ce que depuis dix ans qu'il promène son baquet dans les principaux établissements parisiens, et même dans les stations balnéaires, il a pu recueillir d'observations sur les hommes et les choses. Ah ! si on pouvait tout imprimer, quels succulents récits et quels immenses éclats de rire accueilleraient ce livre, malheureusement nous sommes dans l'obligation de passer sous silence les croustillantes anecdotes, telles que le paquet de tabac, le rond de serviette, la cire à cacheter, la Trompe de l'Éléphant, *etc.*, *etc.* Ce sera pour une autre fois.

La première fois que Sarrazin vendit des olives, comme bien on le pense, il n'avait pas le pied bien marin, il alla chez le Seigneur du Chat Noir qui lui répondit négligemment.

— Vendez-en si vous voulez, mais je ne crois pas que vous fassiez fortune.

— Je comprends qu'en vendre ici seulement, ajouta timidement le pauvre Jehan, cela sera insuffisant, ne pourriez-vous me faire présenter dans d'autres endroits ?

Salis qui au fond est un bon garçon, appela Lapin et le chargea de piloter Sarrazin.

Lapin, *un type curieux, était une sorte de brocan-*

teur, chrétien matiné de juif, familier de l'hôtel des ventes, où il achetait des soldes de rossignols les plus hétéroclites, il était très connu à Montmartre, c'était le truqueur par excellence. Il avait été jadis usurier dans une ville de province.

Voici une anecdote qui prouve sa force et surtout son degré de conscience :

Il avait contracté une habitude dont rien ne l'eût fait départir, il avait rendu invariable et uniforme sa manière de prêter.

Lui demandait-on une somme, il consentait à la prêter....

— Mais à une condition, ajoutait-il,
— Laquelle ?
— C'est que vous prendrez mon obusier.
— Un obusier ?
— Oui, je l'ai placé dans un coin de la ville, car il m'embarrasserait trop chez moi, il est de toute beauté.

On acceptait quand on avait absolument besoin d'argent, et on reculait épouvanté devant sa taille et son poids gigantesque.

Le rusé marchand d'argent expédiait alors un compère et l'obusier était vendu à vil prix.

Cela alla bien ainsi pendant quelque temps mais il advint qu'un jour un officier vint lui emprunter de l'argent.

Il en passa par où le prêteur voulut... Il accepta l'obusier sans le voir, il eut accepté de même tout un parc d'artillerie.

Mais le marché fait, il s'en tint à la lettre, et voulut obstinément que l'obusier lui fût livré.

— *Mais vous n'y songez pas*, dit Lapin.
— *Que voulez-vous dire ?*
— *Il faut six chevaux pour le traîner.*
— *On les louera.*
— *Il faut vingt hommes pour le lever de l'affût.*
— *On les enrôlera.*
— *Il est bien vieux.*
— *On le réparera.*

Quand l'officier réclama énergiquement son engin de guerre, la vérité se fit jour...

Lapin *vendait depuis des années, quitte à le faire racheter à bas prix.... ce qui n'était pas sa propriété.*

L'obusier appartenait à l'Etat !!!

C'est assez joli.

Quand Lapin *avait trié sa camelotte il essayait de l'écouler dans les cafés, surtout à la* Nouvelle-Athènes, *le soir, il allait chanter au* Chat noir, Alphonse du gros caillou *et des chansons de* Mac-Nab ; *doué d'une belle voix de rogomme, il était d'une drôlerie remarquable, c'était le type du parfait égoïste et par dessus le marché spirituel et méchant, s'il s'était mordu la langue il serait mort empoisonné, on juge si Sarrazin tombait bien avec un semblable cicerone.*

Lapin *le conduisit tout d'abord au café de la Nouvelle Athènes, tenu alors par un ancien charcutier qui, à force de fréquenter le compagnon si cher à Saint Antoine, en avait un peu pris l'image ; la présentation fut des plus simples.*

— *Tenez*, dit Lapin, *au charcutier en rupture*

d'andouilles, voilà un gaillard qui vend des olives, je ne sais pas s'il réussira, voulez-vous qu'il en vende chez vous ?

— Oh ! mais c'est une chose nouvelle, c'est grave il faut que j'en parle à ma femme.

La femme était le type accompli de la charcutière de province, autant faite pour siéger dans un comptoir de café d'artistes que moi pour être archevêque ; elle ne comprit pas, des olives ! vendre des olives, disait-elle, mais nous ne servons pas de canard.

Bref, l'homme et la femme comme s'il se fut agi d'annexer la France à la Belgique, tinrent des conciliabules huit jours durant, et, finalement, répondirent à Sarrazin.

— Cela troublerait nos clients !

Ils croyaient sans doute que Sarrazin vendait des olives purgatives !

Fort heureusement Sarrazin trouva des maisons plus hospitalières et des gens plus intelligents.

Il en est qui s'imaginent que vendre des olives, c'est l'enfance de l'art, qu'il ne faut que deux choses : de l'argent pour en acheter et un baquet pour les vendre, c'est vrai, en cuisine, pour faire un civet il faut un lièvre, mais pour des olives, ce ne sont pas elles qui constituent le fond principal, c'est le tempérament spécial, et j'avoue que pour ma part si je n'avais que cette ressource, je mourrais de faim ou je me suiciderais en avalant ma cuillière de bois.

Au Chapitre Montmartre, Sarrazin vous parlera du Divan Japonais, dont le souvenir est tellement vivace, que malgré les transformations de cet établissement on ne dit jamais autrement : — Qu'allons-nous au Divan !

Hélas ! pour la gaieté Montmartroise et pour celle du quartier Latin, Sarrazin n'est plus là, et le Divan non plus.

Pour ma part, j'ai un grand regret de la disparition de cet endroit où je me suis tant amusé, c'était vivant, grouillant, jeune, bruyant, le véritable beuglant d'autrefois.

Le public, quoique bon enfant, n'était pas toujours commode et se laissait facilement emballer.

Il me souvient qu'un jour, Sarrazin me demanda de faire une conférence ; pour lui être agréable j'acceptai, je n'avais jamais parlé en public, aussi je me mis à piocher avec ardeur le sujet choisi : la Chanson, le soir venu, on avait affiché s'il vous plaît, soirée de Gala, j'étais sous les armes, tremblant, avec un trac épouvantable, dans la situation du roi Henri IV la première fois qu'il vit le feu. La salle était bondée, les femmes étaient en majorité, je m'imaginai que c'était pour me faire un succès. à peine sur la scène, des cris d'animaux partirent de tous les coins de la salle.

— La gigue.
— Parlera, parlera pas.

Bref, un branlebas général, Sarrazin furieux, escalada d'un bond les marches de la scène :

— Vous n'êtes pas dignes de l'entendre, dit-il, au public, cette fois la tempête se déchaina tout-à-fait : des excuses, des excuses criait-on de toutes parts, il *n'en fit pas cela va sans dire ; à la fin, agacé, je demandai la permission de dire un mot :*

— Je vous remercie de votre accueil bienveillant, dis-je....

Je fus interrompu par un tonnerre d'applaudissements à faire crouler la salle.

— Tu vois, me dit Sarrazin, pour me consoler, tu viens d'inaugurer un genre ! le conférencier applaudi parce qu'il ne parle pas, ça ne fait rien, ajouta-t-il, la recette est faite, nous recommencerons une autre fois.

J'ai des ennemis, c'est évident, mais ils ne sont pas assez nombreux pour garnir une salle, aussi, je voulus avoir le fin mot de cet échec inexplicable, puisque je n'avais dit que quelques mots, le public n'avait pu juger de mon talent ou de mon insuffisance.

Dans deux précédents volumes Paris-Impur *et* Paris-Galant *j'avais consacré deux chapitres aux dames de* la Souris *et du* Rat Mort *dans lesquels je flétrissais ce vice abominable que mon confrère René Maizeroy a décrit d'une façon si magistrale dans son livre :* Les deux Amies.

Je déplorais l'envahissement du Saphisme qui éteint chez la femme tout sentiment de l'homme et tout amour de la maternité, ce Saphisme odieux qui transforme la femme en brute et nous mène à la fin du monde.

Or, voilà ce qui explique la présence de tant de femmes ; c'étaient des marchandes d'ail, élèves ou émules de la mère Gauthier, de la vicomtesse, de

Jeanne, de la tête de cheval, et autres dignitaires de l'Etat Major de la Garde Nationale. Elles étaient venues se venger !

Sarrazin en homme pratique aurait bien voulu qu'elles se vengent tous les soirs de cette manière, avec trois mille francs de recette !

Sarrazin en divisant ce volume en deux parties : le Quartier Latin et Montmartre, *a été bien inspiré, car ces deux extrêmes se touchent, ils sont tous deux le foyer de l'intelligence, du talent et de l'esprit.*

Il s'est rappelé qu'il avait été, à ses débuts, choyé par la jeunesse du Quartier Latin, *et que* Montmartre *avait consacré sa réputation.*

Il paye une dette de cœur qui l'honore doublement, car, si son père est célèbre et considéré à Lyon, sa ville natale, lui est venu à Paris, sans appui et sans ressources.

D'ailleurs à chaque pas les souvenirs abondent, chaque pierre, comme chaque visage vous dit quelque chose ; il faudrait dix volumes pour écrire l'histoire des deux buttes qui ont fourni au monde entier la fine fleur de tant d'illustrations dont les noms et les œuvres resteront impérissables à travers les siècles.

Je souhaite donc à mon ami Jehan Sarrazin tout le succès qu'il mérite, pour avoir su, par sa persévérance et son travail conquérir une place parmi nous.

CH. VIRMAITRE.

I

Paris-Grisette. — Une Jolie Définition. — Modeste comme la Violette. — Un Cœur d'Artichaut. — Les Grisettes de Paul de Kock. — La Chanson de Deremy. — Murger. — Musette Usurière. — André de George Sand. — Cocher a l'Odéon. — Une Façon Originale de se séparer. — Montmorency et Montretout. — Drole d'Orthographe. — Le Veau Gras. — Histoires Tristes. — Un Poêlon a tout faire. — Une Singulière Fourchette. — Allons a Bullier. — En Route pour l'Hopital. — Le Lardon sur la Commode. — Un Vis-a-Vis Lugubre. — La Blague du Chapelier. — Un Bourgeois Ahuri.

Dans *Paris Grisette,* publié il y a quarante ans je trouve cette définition de la Grisette : « ...C'est la fille du peuple abandonnée à elle-même, l'enfant qui lutte contre la misère, la sœur du gamin de Paris.

Elle n'a ni ambition, ni envie, ni orgueil, ne voit

briller dans ses rêves, ni laquais, ni équipages, ni toilettes de bal, ni perles, ni diamants. C'est à peine si devant son miroir, elle s'aperçoit qu'elle est assez jolie pour jouer, tout comme une autre, le rôle de femme à la mode. Elle est toujours gaie, toujours souriante, et si parfois, le dimanche, elle soupire à sa fenêtre, c'est qu'elle voit passer, fière et joyeuse au bras d'un brave ouvrier, la jeune ouvrière qui habite la mansarde voisine de la sienne.

Elle ne va pas à la *Chaumière* ou au *Prado*, elle ne lit pas de romans, elle n'a pas besoin, pour sentir son cœur ému, de lire des aventures, des malheurs imaginaires ; elle n'a pas la sensibilité du cabinet de lecture, mais le vieillard qui chemine courbé sur son bâton, la pauvre mère qui traîne ses enfants déguenillés dans la rue, la font pleurer. Elle partage son pain avec ceux qui ont faim. Rien ne lui appartient, elle donne tout ce qu'elle a : au pauvre son aumône, à l'amoureux son cœur, à tous ceux qui la connaissent sa bienveillance, son dévouement et sa gaieté.

A son cou, vous ne verrez pas suspendus, ni un médaillon prétentieux, fade relique d'un amour plus fade encore, ni une mèche de cheveux, artistement tressée, mais la croix que lui donna sa mère mourante. Une gaie chanson sans cesse sautille sur ses lèvres. Elle n'est pas triste, parce qu'elle aime ; elle elle n'a pas d'envie, parce qu'elle a du courage ; elle se donne, mais elle ne se vend pas. Ses fautes paraissent excusables parce qu'elles ont la franchise qui est une seconde innocence. Elle n'est pas romanesque, mais sensible, ce qui vaut beaucoup mieux ; dès que son cœur parle elle ne sait pas lui résister. Si son amant l'abandonne, elle pleure d'abord ; essayez pourtant de la consoler, vous y parviendrez peut-être, gardez-vous de lui proposer de devenir grande dame, elle vous rirait au nez, ne lui offrez ni bijoux, ni robes de soie, ni cachemires, elle aurait bien vite mis tout cela au Mont de piété pour secourir quelques malheureux. »

Il faut avouer que voilà une femme idéale et que les étudiants d'alors étaient d'heureux mortels, mais je crois bien qu'elle n'a existé que dans l'imagination de l'auteur de *Paris-Grisette*.

La grisette avait-elle une profession ?

Etait-elle : modiste, fleuriste, couturière, brocheuse, plumassière ou blanchisseuse ?

La grisette se recrutait-elle à Paris, était-elle un produit spécial comme les pêches de Montreuil ou comme les asperges d'Argenteuil ?

La grisette avait toutes les aptitudes, mais elle ne travaillait jamais, quand elle consentait à recoudre un bouton, c'était extraordinaire, et pour repasser ses jupes il fallait que la blanchisseuse refusât de faire crédit. Il ne faut pas confondre la Grisette avec l'ouvrière laborieuse qui avait un amant et même plusieurs ; celle-ci a toujours existé et existera toujours, mais elle n'a jamais été et ne sera jamais une habituée du Quartier latin, à moins qu'elle ne jette son bonnet par-dessus les ponts.

La grisette a eu ses historiens tout comme le grand Napoléon ; Auguste Ricard en fit un oiseau rare, une sorte de phénomène qui ne demandait même pas deux sous pour se faire voir.

Les grisettes de Paul de Kock ne sont que des grisettes de convention, des grisettes empaillées, il a pris ses types dans des milieux où les mœurs étaient et sont restées faciles, c'étaient des grisettes du dimanche !

La chanson de Deremy (1831) intitulée *les Regrets d'une grisette* exprime parfaitement leur degré de vertu :

> Hélas ! combien je regrette,
> A tous les instants du jour,
> Le temps où j'étais grisette
> Que l'on me faisait la cour.
> J'étais si viv' si mignonne,
> Que j' séduisais, par mon air,
> Tout l' quartier de la Sorbonne
> Dont l' souv'nir m'est toujours cher.
> Il me semble encore entendre
> VICTOR, ce jeune étudiant,
> Que son regard était tendre !
> Dieu ! qu'il était bon enfant !
> Et c't'espiègl' de DOMINIQUE
> Cet élève si gracieux
> De l'école polytechnique
> Pour moi n'avait que des yeux
> J'oubliais ce p'tit CHRISTOPHE
> C't'élégant commis marchand
> Lorsqu'il me vendait de l'étoffe
> Il me m'surait si largement.
> Le dimanche à la barrière
> Quand j'allais avec ARMAND
> Y plaisait par sa manière
> Et son petit air cancan.

J' fus trompée par un VOLAGE
Que je crus un homme — comme il faut —
Mais j' n'aimais pas son langage
Il ne parlait qu'en argot.
J' suis foll' de la comédie
Et moi qu'aime le nouveau
J'adorais à la folie
Mon ACTEUR *de Bobineau.*
J'aurais bien aimé PHILIPPE
Avec lui j'fis queuques faux pas
Il sent l'odeur de la pipe
C' mauvais genr' là ne m' va pas.
ARTHUR *était admirable,*
Avec lui j'eus du plaisir
Au lit, qu'il était aimable,
Il ne m' laissait pas dormir.
S'il fallait que j' me souvienne
Des noms d' ceux qu' mon cœur aima
Il faudrait bien que je prenne
Tous les saints de l'almanach.
Mais maintenant l' mariage
A détruit tout mon bonheur
Je regrette mon bel âge
Auprès de mon vieux gouapeur.

Henry Mürger a fait de *Musette*, le type accompli de la grisette désintéressée, insouciante, une sorte de gavroche femelle se moquant du tiers comme du quart :

Assis le soir sous la tonnelle
Nous boirons encor' ce vin clair
Où ta chanson mouillait son aile
Avant de s'envoler dans l'air.

Eh bien, la « désintéressée » et « insouciante » *Musette* n'existait que dans l'imagination de l'auteur de *la Vie de Bohême* ; Schaunard dans *ses Mémoires* nous apprend que, l'oiseau volage, songeait à capitonner son nid, car, quelques années plus tard, elle mourut dans un naufrage, en se rendant à Alger, où elle emportait ses petites économies, la bagatelle de *quarante mille francs* en or, elle n'avait pas assurément amassé ce joli capital en regardant fleurir les lilas du Luxembourg, il est plus que certain que c'est en exploitant le sien.

Bien autrement est poétique la grisette dans *André* de George Sand, seulement elle est trop fidèle pour appartenir à la corporation.

Rigolette des *Mystères de Paris* d'Eugène Süe fut la plus populaire des grisettes, ce fut la dernière illustrée par la lithographie.

La grisette ne passait jamais les ponts, son horizon s'étendait de la Seine à la *Chaumière* ; le quartier latin, pour elle, constituait Paris. Les bourgeois de la rive droite faisaient leur testament avant d'aller à l'Odéon, ce qui inspira à Daumier une image des plus amusantes au-dessous de laquelle était cette légende :

— Cocher, êtes-vous libre ?

— Oui, Bourgeois, où allons-nous ?

— A l'Odéon.

— Parlez plus bas, si cocotte vous entendait elle ne voudrait pas marcher.

Quand on disait à une grisette acclimatée, qu'il existait des rues, des boulevards, des maisons, une autre ville sur la rive droite, elle répondait que c'était un bruit que la police faisait courir, d'aucune même n'était jamais sortie de l'hôtel qu'elle habitait depuis ses débuts, elle faisait partie du mobilier, c'était la chatte de la maison, l'étudiant qui avait terminé ses études la léguait à son successeur, ce n'était plus Mademoiselle Titine ou Nana, c'était Mademoiselle 22, 41 ou 60.

La grisette raffolait des fleurs, les mercredis et samedis elle se promenait dans les plates-bandes du marché de la cité ; son rêve était de posséder un rosier, elle ne tenait pas à ce qu'il fût blanc, depuis sa première communion cette couleur n'était plus son emblème. Quand elle pouvait s'en payer un, elle le choyait, le dorlotait, elle avait pour lui des tendresses infinies, sa touchante sollicitude allait, lorsqu'elle habitait au sixième étage, sur la cour privée de lumière, jusqu'à, tous les matins, promener son arbuste chéri sur les bords de la Seine, pour lui faire prendre l'air et un rayon de soleil !

Elle avait des goûts simples, elle adorait la friture, qu'elle fût composée de goujons ou d'ablettes, voire même de savetiers, peu lui importait, elle aimait courir les grands bois, cueillir des fleurs dans les herbes, danser sur la pelouse, se rouler sur la mousse ; au retour de la partie champêtre, elle allait manger la soupe à l'oignon chez *le père la Chique* ; le cidre, les marrons, la galette, les crêpes et les échaudés faisaient son bonheur, tout en mangeant et en buvant étudiant et grisette se juraient un amour pour la vie — la vie c'était quinze jours, car le cœur de la grisette avait horreur du vide, on échangeait des mèches de cheveux ce qui a donné l'occasion à Pierre Veron d'émettre cet aphorisme : Pourquoi un cheveu sur la soupe vous dégoûte-t-il, tandis qu'une mèche vous transporte de joie ?

Allez donc demander aujourd'hui une mèche de cheveux à la Vadrouille qui a succédé à la grisette, elle vous répondra :

— Mes *douilles*, c'est pas à moi, fais pas de blagues, combien que tu me donnes?

Pour se séparer, la grisette ne faisait pas de manières ; un matin, à la fenêtre, le petit ménage prenait l'air, silencieusement, tout à coup elle rompit le silence :

— Tu ne trouves pas, dit-elle, que depuis un mois que nous sommes ensemble, c'est toujours la même chose ?

— Ma foi, répondit-il, je pense comme toi.

— Eh bien embrassons-nous.

— Elle prit son bonnet et une heure plus tard, elle était chez le voisin d'en face, regardant son amant de tout à l'heure, fumer sa pipe tranquillement, songeant qu'on ne brise pas la cage parce que l'oiseau s'est envolé !

Voici une manière de se quitter plus originale.

— Lucien veux-tu m'emmener à Montmorency, j'ai une envie de cerises, tu ne voudrais pas que le petit en ait une sur le nez, surtout si c'était une guigne.

— Mais, malheureuse, nous avons cinq sous pour dîner, nous nous coucherons à six heures, qui dort dîne.

— Mais si je ne puis pas dormir ?

— Je te lirai des vers de Lamartine.

Ils se couchèrent, vers neuf heures, elle s'éveilla.

— Ah ! décidément je n'y tiens plus, je veux des cerises.

— Prends les cinq sous qui sont sur la table de nuit, vas en acheter.

Il se retourna tranquillement dans son lit et continua son somme.

Elle se leva, s'habilla rapidement, et une heure plus tard elle dansait un cancan échevelé au Prado.

Le lendemain matin, quand il s'éveilla, personne, elle reviendra ce soir, pensa-t-il, le soir, rien, il n'y songea plus, six mois après elle revint.

— Comment lui dit-il, tu as mis six mois pour aller à Montmorency ?

— Je n'ai pas été si loin, je suis allée à Montretout !

Ils se recollèrent quinze jours.

Le jour où vous vous séparerez, étudiants et Grisettes, écrivait Louis Huart en 1854, il n'y aura plus de quartier latin, on pourra fermer les écoles et la *Chaumière !*

Cette séparation serait plus difficile que celle de l'Eglise et de l'Etat, aussi ne s'accomplira-t-elle jamais, car le quartier latin sans femmes, serait un pré sans herbe, une rivière sans eau, une forêt sans arbres ; le désert du Sahara dont M. le sénateur Bérenger serait le concierge.

La Grisette existe toujours, mais comme l'étudiant elle s'est transformée, elle a suivi le mouvement, elle est fin-de-siècle ; allez donc au *Bullier* en bonnet de tulle et en tablier, vous verrez comme le contrôleur vous recevra.

Il est vrai de dire que la grisette actuelle traverse volontiers les ponts, et que la cocotte de la rive droite, envahit la rive gauche, ce mélange ôte a l'*Etudiante* sa physionomie de jadis, mais le pittoresque n'y perd rien.

D'ailleurs l'Etudiante n'est pas une fleur de naïveté, nous sommes loin du temps où un étudiant après avoir lâché sa belle, recevait un poulet de ce genre.

« Monsthre !

« Ge ne vœu riene avoire ha vout, je vou renvoit doncque tou ce ki je croi viaen de vou par un comissionère, — je vous pri de payere le porc.

« Celle qui vous détaiste pour la vi

« Amanda ».

Ou bien encore quand elle sortait qu'elle écrivait à la craie, sur la porte :

« En mattandant tue des jeunes rats. »

L'étudiante a un frottis de littérature, suivant la profession à laquelle se destine son amant, elle parle droit ou médecine, il est vrai qu'elle ressemble étonnamment à l'aveugle qui parle des couleurs, c'est cocasse d'entendre une de ces dames demander un bock et crier au garçon qui cause avec un client : Allons donc Edmond *Acta non Verba*.

Une étudiante gagna un jour un veau dans une loterie, elle alla chercher son lot, avec une de ses camarades.

— Il faut le vendre au boucher, dit cette dernière.

— Jamais de la vie, nous sommes en carnaval, si tu veux nous allons promener notre veau, ce sera le veau gras.

L'une des deux entra dans un magasin et acheta des rubans et des fleurs, elles en ornèrent le veau, et les voilà remontant le boulevard Saint-Michel ; il faisait beau, les terrasses étaient pleines, en passant devant *la Source*, comme le veau beuglait comme un enragé, un étudiant leur cria :

— Donnez-lui donc à têter.

Un autre étudiant proposa de faire boire un vermouth au pauvre animal, ce fut accepté avec enthousiasme, il ne fut pas trop récalcitrant, car il crevait de soif, on le trimballa de cafés en cafés, et, vers deux heures du matin, toute une bande joyeuse escortait le veau qui était saoul comme un polonais. C'était la sortie des cafés, un rassemblement formidable se forma autour des deux femmes qui faisaient des efforts inouis pour calmer la pauvre bête qui beuglait plus que jamais car il avait mal au cœur, les sergents de ville intervinrent, et, au lieu de rire, tant la scène était drôle, ils emmenèrent le veau au poste pour le mettre en fourrière, chemin faisant c'était des quolibets à pouffer de rire :

— Il faut lui appliquer la loi sur l'ivresse.
— N'insultez donc pas un veau qui tombe.
— Tu ne sais pas ce que tu deviendras.

Les deux filles aussi grises que le veau pleuraient à chaudes larmes, au moment d'entrer au poste elles se jetèrent sur lui et l'embrassèrent avec effusion.

— Pleurez donc pas si fort, dit brutalement un sergent de ville, c'est pas votre père.

A côté des histoires gaies, il y a des histoires tristes, navrantes ; quand l'étudiant est devenu un homme sérieux, notaire, avocat, magistrat ou médecin, il oublie les souvenirs du jeune âge, il n'y songe qu'en regardant sa femme ; qu'a de commun le sourire jaune et guindé de Madame la présidente ou de Madame la notairesse avec les joyeux et insouciants éclats de rire de Ki-ki ou de Lolotte ?

Rien assurément.

Dans un hôtel de la rue Cujas, au dernier étage, si haut, si haut, qu'on aurait pu entendre chanter les anges, habitait un jeune étudiant, aujourd'hui magistrat dans une grandeville de province, avec son amie ; lui, était pauvre, la famille se saignait aux quatre veines pour lui servir une maigre pension, elle, servait en brasserie, malgré ce métier qui fournit peu de rosières, elle se tenait bien, elle ne faisait pas de traits à son « petit homme », elle était fidèle.

C'était un petit ménage uni, conjuguant vingt fois par heure le verbe aimer, entrecoupant la conjugaison par des baisers à bouche que veux-tu, l'amour voilait la misère, ils mettaient en pratique ce refrain de la vieille chanson :

Puis dans la même soupière
Tous les deux nous mangerons

La batterie de cuisine se composait d'une lampe à esprit de vin posée sur la commode et d'un poêlon en terre vernissée, un poêlon à tout faire : soupe, ragoût, rôti, salade, café, quand il venait un ami, chose rare — le budget étant rigoureusement réglé — il était impossible de mettre les petits plats dans les grands, par la bonne raison qu'il n'y en avait ni grands ni petits, ils mangeaient à la fortune du « poëlon » ; quant aux fourchettes, c'eût été un tour de force que de les avaler, il n'y en avait qu'une, alors au milieu d'éclats de rire, de plaisanteries, sans fins, l'invité devait se contenter d'une épingle à cheveux. C'était inénarrable de voir ces appétits de vingt ans piquer dans le fameux poëlon et dévorer à belles dents un invraisemblable bifteck aussi récalcitrant qu'un huissier.

Elle devint enceinte, cet « accident » ne changea rien à leur manière de vivre, les jours s'écoulaient sans compter ; quant à la layette pour recevoir l'enfant, personne n'y songeait. Un soir de Mardi-Gras ils étaient tous deux assis devant la cheminée, dans l'âtre brûlait la lampe à esprit de vin, on entendait monter les bruits de la rue, des camarades chantaient en se rendant à *Bullier*.

— Entends-tu, lui dit-elle, ils vont s'amuser les veinards, tandis que nous ?...

— Mais dans la situation où tu es, tu ne peux pas venir au Bal.

— Pourquoi pas ? Il ne frappe pas encore à la porte, j'ai là mon costume de pierrette, toi, tu as ton habit, nous n'avons pas de frais à faire, les trois francs qui nous restent nous suffiront, habillons-nous.

Lui fut prêt en un tour de main, elle fut plus longue, car elle s'efforçait de dissimuler son « bedon », enfin ils allaient partir, quand elle poussa un cri terrible : elle accouchait, l'enfant était tombé par terre, venu avant terme, mort, il coucha la pauvre fille sur le lit, mit l'enfant sur la commode et partit au galop dans sa tenue de soirée pour chercher du secours ; il arriva au poste du Panthéon, raconta son affaire et demanda le brancard et des agents. « Le brancard prenez-le, lui fut-il répondu, quant à nous déranger, cela ne nous regarde pas, nous ne *turbinons* pas à l'œil. »

Un agent, un peu plus humain que les autres, voyant les efforts que faisait le malheureux pour décrocher le brancard suspendu assez haut, lui donna un coup de main et le lui posa sur le trottoir ; il essaya de le soulever, impossible, il appela un passant qui, croyant à une charge, s'éloigna en répondant : je la connais ; il était désolé, songeant à l'autre qui souffrait, quand il aperçut un grand diable à l'aspect minable, à qui la dèche avait fait un riche costume de loqueteux pour les jours gras. — Voulez-vous me donner un coup de main, camarade, lui dit-il ; les pauvres se comprennent, il répondit affirmativement, il prit une bricole, l'étudiant une autre, et les voilà tous deux en route ; chemin faisant, un gamin d'une quinzaine d'années s'offrit pour aider. Arrivé à l'hôtel, impossible de monter le brancard, il fallut, malgré ses gémissements, descendre à bras la pauvre fille ; une fois installée sur le brancard, le cortège prit le chemin de l'hôpital ; à peine avaient-ils fait cent mètres, que le gamin dit : Nous avons oublié le lardon sur la commode, je vais le chercher. Quelques minutes plus tard il revenait avec le petit cadavre enveloppé dans un journal ; la mère saisie par le froid, mourut dans le trajet. Les passants croyant à une blague de carnaval en voyant un homme en habit noir et un miséreux attelés à une civière, suivaient en riant, la foule qui trouvait cela drôle grossissait à vue d'œil ; enfin le cortège arriva à l'hôpital, là on refusa de recevoir les deux cadavres, il fallut revenir à l'hôtel ; heureusement que la plupart des hôteliers du Quartier latin sont hospitaliers, on remonta la malheureuse dans la chambre, et lui et le gamin passèrent leur nuit de mardi gras à veiller les deux pauvres êtres.

— C'est égal, dit le gamin, elle ne s'attendait pas à faire ce vis-à-vis là !

Il en est qui meurent d'amour, témoin l'étrange suicide de la *Désirée* qui fit tant de bruit il y a deux ans.

La *Désirée,* une bonne fille, s'était toquée d'un étudiant en médecine et se berçait de la douce illusion d'un amour sincère, dans une chambre d'hôtel de la rue Monsieur le Prince. La famille, sur la dénonciation anonyme d'une ancienne, délaissée, connut la liaison, elle redouta les conséquences de cet amour qui tournait au sérieux ; pour le lui faire rompre elle employa l'éternel moyen, la suppression de la pension, pensant avec raison que l'on a beau avoir vingt ans, qu'on ne vit pas d'amour et d'eau fraîche.

La rupture eut lieu sous un prétexte quelconque ; il partit dans sa famille, la correspondance devint de plus en plus rare, enfin il écrivit à la *Désirée* une dernière lettre pleine d'explications entortillées et pour atténuer sa douleur il glissa dans l'enveloppe un billet de mille francs.

Cela ne la consola pas de cet abandon : elle résolut de se suicider, mais par un suicide pas banal, à la façon de Sardanapale. Avec les mille francs elle fit une noce à tout casser, courant les cabarets, les brasseries, elle offrit à boire et à souper à tous ses amis ; le lendemain à minuit, elle rentra en chantant portant à grand peine un énorme panier de fleurs.

Le surlendemain, son logeur inquiet de ne pas la voir comme de coutume, fit ouvrir la porte, les fleurs jonchaient le tapis, et la pauvre *Désirée* était étendue rigide sur son lit, dans ses habits de la veille.

Elle s'était empoisonnée avec du laudanum, à côté de la fiole qui avait contenu le poison on trouva une lettre d'adieu adressée à son ancien amant.

« Vivre sans toi, m'est impossible. J'ai préféré me faire mourir, mais me tuer de sang froid me paraissait trop dur. Aussi pardonne-moi de l'avoir fait. J'ai fait la noce, j'ai bu pour me monter la tête. J'avais besoin de ça pour me donner du courage. »

« DÉSIRÉE »

II

Le restaurant Dagnaux. — Le camp de la bohème. — Il n'y a plus d'Étudiants. — La chanson du vieux Quartier Latin. — Trois auteurs pour un. — Le jugement de Salomon. — Il n'y a plus d'Étudiants 1858. — Une poignée de bonnes farces. — Les sergents de ville conciliants. — Le cor de chasse séditieux. — Costume de soirée d'asile de nuit. — Portiers et Gérants. — L'habit ne fait pas le moine. — Il n'y a plus d'Étudiants 1891. — Le champ de bataille du médecin. — Les élèves de l'école coloniale. — Mort au champ d'honneur. — L'étudiant en droit. — Muller ou la 9ᵉ Chambre.

En 1846, M. Lepère qui fut ministre de l'intérieur, était étudiant en droit, un des fervents du béret rouge et du brûle-gueule culotté. Un matin, à six heures, il sortait de faire une « noce » comme on disait alors, avec des amis, trouvant qu'il était trop tôt ou trop tard pour rentrer chez lui, s'en alla avec trois de ses camarades frapper à la porte du restaurant Dagnaux, rue de l'Ancienne Comédie (dans *Horace*, George Sand lui a fait une célébrité).

Dans une vaste salle, au second étage, se réunissaient tous les soirs un certain nombre d'étudiants, là, campait l'Etat Major de la Bohême, la salle était ornée d'un immense divan, en équerre, sur lequel couchaient les uns et les autres.

Ils se mirent à table, et la conversation s'engagea sur la tendance qu'avaient certains étudiants du quartier latin à descendre au faubourg Saint-Germain et même à émigrer sur la rive droite, tous étaient indignés de cet abandon ; alors M. Lepère pour se mettre au diapason, entonna sur l'air : *dis-moi soldat, dis-moi t'en souviens-tu*, trois couplets de la fameuse chanson intitulée : *le vieux quartier Latin*, il allait continuer, lorsque le père Dagnaux éveillé par ce chant matinal, lui enjoignit de mettre une sourdine à sa lyre (aujourd'hui on dirait : *du papier dans sa sonnette*); le lendemain, ses amis qui conservaient un vague souvenir des trois couplets l'engagèrent vivement à terminer sa chanson ; tout en passant son examen de droit il composa neuf autres couplets.

Cette chanson dans la pensée de son auteur ne devait pas sortir d'un petit cercle d'amis, mais bientôt elle fut chantée dans tout le quartier, elle devint si promptement célèbre, qu'à un banquet des élèves du collège d'Auxerre présidé par l'illustre docteur Roux, chez Deffieux, les convives, par acclamation, prièrent M. Lepère de la chanter.

M. Lepère, ne pensait plus à cette chanson de jeunesse, quand un beau jour il la vit étalée à la vitrine d'un libraire et signée : *Choux,* avec des corrections qui la rendaient inintelligible ; quelque temps plus tard, parut un petit volume sous ce titre : *Chants et chansons de la Bohême,* dans ce volume se trouvait encore la chanson du *Vieux quartier Latin,* allégée de huit couplets, sous la signature : *Antonio Watripon.*

Vers 1865 le journal *Le Droit* publiait le compte rendu d'un procès en contrefaçon entre l'éditeur de Choux et celui d'Antonio Watripon, le piquant de l'aventure, c'est que chaque éditeur avait SON AUTEUR comme témoin, lesquels déclarèrent sous la foi du serment que chacun d'eux était le *seul auteur* ?

Le Tribunal qui savait que M. Lepère était l'auteur de la chanson, ne voulut pas le faire citer, car alors c'était un avocat bien placé, et le président était un des trois convives du déjeuner matinal ; pour sortir d'embarras le Tribunal, aussi sage que Salomon, déclara que la propriété du *vieux quartier Latin* était une propriété *impersonnelle.*

Voici la véritable chanson, telle qu'elle fut donnée en Avril 1867, à un ami, par son auteur, M. Lepère ; elle mérite d'être reproduite à titre de curiosité, d'autant mieux qu'elle prépare aux réflexions qui vont suivre :

LE VIEUX QUARTIER LATIN

Air : *T'en souviens-tu ?*

Oui, c'en est fait, il faut plier bagage
Et dire adieu pour toujours à Paris.

Que faire ici ? J'ai les mœurs d'un autre âge,
Du vieux quartier je suis le seul débris,
Dernier rameau d'une tige brisée,
La ranimer, je l'essaierais en vain,
Des vieux goupeurs la race est épuisée.
Non, il n'est plus, mon vieux quartier latin.

Ils ont quitté notre dernier refuge,
De Massenet le vieil estaminet,
Le rams antique et l'effet rétrofuge
Sont délaissés pour un vil lansquenet.
L'étudiant, serré sur l'étiquette,
A l'Opéra se prélasse en pékin ;
L'étudiante est aujourd'hui lorette.
Non, il n'est plus, mon vieux quartier latin.

Tendre Sophie, au fond de ta province,
En tricotant le soir loin du Prado,
N'entends-tu pas comme un démon qui grince
A ton oreille un air de Pilodo ?
Au souvenir du quartier, pauvre fille !
La laine échappe à ta rêveuse main,
Ton cœur s'émeut, va, reprends ton aiguille,
Car il n'est plus, ton vieux quartier latin.

Mon brûle-gueule, à la couleur d'ébène,
En sommeillant, je hume ton tabac,
De ces lions ta trop brûlante haleine
Affaiblirait le débile estomac,
Mais qu'en fumant le cigare un d'eux vienne
Sur lui jeter un regard de dédain,
Je te lui f..., ah ! morbleu ! qu'il apprenne
A respecter mon vieux quartier latin.

Mon béret rouge, en te voyant paraître,
Chaque mouchard se sentait le frisson,
Je t'agitais gaiement sous la fenêtre
De Lamennais sortant de la prison.
En conduisant Laffite au cimetière,
Je te tenais tristement à la main,
Et l'on t'arrête au seuil de la Chaumière,
Non, il n'est plus, mon vieux quartier latin.

Si de nos jours les Chambres corrompues
Avaient voté l'indemnité Pritchard,
Tout aussitôt mille voix confondues,
Auraient hué le ministre couard.
Mais qu'aujourd'hui gronde la Marseillaise,
Ils en ont tous oublié le refrain.
Oui, c'en est fait, la jeunesse française
Est morte avec le vieux quartier latin.

Ainsi depuis 1846, la grande rengaine à l'ordre du jour, quand on parle du quartier latin est celle-ci : le quartier latin est mort !

Vers 1858, Privat d'Anglemont, dans : *Paris inconnu*, disait d'un ton larmoyant et pénétré : « l'étudiant est une race qui tend à disparaître, pourquoi l'étudiant disparaît-il ? »

Il y avait vingt-deux ans que la question était posée.

Pourtant la pioche impitoyable du Limousin n'avait pas encore jeté bas les antiques rues, les culs de sac, les ruelles, dans lesquelles se battaient, aux siècles précédents, les escholiers qui les habitaient de la cave au grenier.

A première vue, aujourd'hui, cette rengaine : — l'étudiant disparaît — a quelque vraisemblance, parce que depuis 1862 les vieilles maisons qui composaient le quartier ont été démolies successivement pour le percement de deux immenses boulevards, de la rue des Ecoles et de l'agrandissement de la Sorbonne, et que les étudiants au lieu d'être groupés dans un espace restreint, sont disséminés dans des hôtels plus éloignés du centre des écoles, mais ils sont toujours la population dominante du quartier, c'est toujours la ville grouillante, joyeuse, animée, vivante aussi bien la nuit que le jour.

Chaque époque a ses modes, ses manies, ses passions, jadis la mode était au débraillé, à la barbe en broussaille, aux cheveux longs, mal peignés ou pas peignés du tout, aux pantalons à carreaux, aux jaquettes invraisemblables, aux bérets de couleurs voyantes, inclinés sur l'oreille, en casseur d'assiettes plus ou moins fêlées ; fumer une longue pipe en terre, ou un brûle-gueule de vidangeur était le suprême du genre, un bonheur ineffable. Epater le bourgeois, le philistin qui s'aventurait dans le quartier, le bonheur était complet. Un autre plaisir pas cher et et surtout inoffensif consistait à embêter les portiers en tirant les sonnettes, à les éveiller à une heure du matin, pour leur demander l'adresse du propriétaire, à attacher les chats noctambules au marteau des portes cochères, à mettre les enseignes de sage-femme à la place de celles des pensions de demoiselles, à décrocher l'enseigne d'une vacherie modèle pour en orner la boutique d'une blanchisseuse, enfin, à mille farces plus saugrenues les unes que les autres, mais qui avaient au moins l'avantage de ne faire de mal à personne.

Les réglements de police moins sévères et surtout moins durement appliqués, par les agents en bicorne, l'épée au côté, comme les appariteurs de Brive-la-Gaillarde, laissaient les étudiants épancher en paix leur joie dans les rues, le père Louis Philippe, en bourgeois malin, savait par expérience, que pendant que la jeunesse s'amusait, elle ne pensait pas à faire de la politique ; on n'avait pas songé alors à proscrire le cor de chasse ni la trompette du fontainier comme des instruments séditieux pouvant aussi bien jouer la *Marseillaise* que la *Lisette de Béranger*.

Pour vivre, comme jadis, dans les vieilles rues du quartier, le costume débraillé, fantaisiste, pittoresque, avait sa raison d'être, l'étudiant était chez lui, le quartier formait une ville dans la ville, les cafés, les restaurants étaient à l'unisson, mais aujourd'hui que la lumière électrique illumine des cafés resplendissants de dorures et de glaces, allez donc vous promener sur le boulevard Saint-Michel en tenue de soirée d'asile de nuit, on ne dirait pas : c'est un étudiant ; on dirait : c'est un philosophe qui descend des carrières d'Amérique, ou un ramasseur de mégots de la place Maube !

Le quartier Latin est le même qu'autrefois, seulement il s'est transformé ; à la place des antiques maisons, s'élèvent des bâtisses ceinturées de balcons, avec grand escalier orné de fleurs, avec ascenseur, avec escalier de service pour le frétin, le vieux pipelet, victime de Cabrion, avec sa casquette à visière d'abat-jour, son tablier de serge verte, son pantalon à pont et ses escarpins en cuir de brouette, est remplacé par un *Monsieur*, à calotte de velours brodée qui s'intitule *gérant*, qui a une femme de chambre, et un frotteur, la loge est devenue salon, les bourgeois et leurs épouses rigides ont leurs *vendredis*, jours où ils étalent un luxe en ruolz, ils aiment le quartier non pour la jeunesse et la tradition, mais il leur semble qu'ils sont moins bêtes, moins idiots, moins stupides, en foulant ce sol qui a porté tant de gens illustres dans les sciences, l'armée, les lettres, les arts et la magistrature, la conséquence de cette transformation du quartier imposait celle des étudiants, ils devaient s'habiller comme tout le monde : redingote noire, col cassé, cravate de satin et chapeau haut de forme. C'est le cas d'appliquer le vieux proverbe : l'habit ne fait pas le moine, s'il le pare. L'étudiant est resté le même, jeune, généreux, tête folle mais cœur chaud, et s'il ne se mêle pas comme autrefois ostensiblement de politique, c'est qu'il a heureusement compris que son âge est celui de l'étude et du plaisir, et qu'il aura le temps, plus tard, lorsqu'il aura conquis ses grades, de se jeter dans la lutte des partis ; les bourgeois satisfaits, fourbus, ventrus et repus partent encore de là pour dire : Il n'y a plus de quartier Latin.

Braves Prudhommes, allez donc, si vous n'avez pas le trac, autour des écoles, les jours où l'on méconnaît les droits des étudiants, où ils protestent contre des abus qui entravent leur liberté ; vous entendrez les grondements qui s'élèvent de la foule et vous comprendrez que le quartier n'est pas près d'abdiquer. Vous comprendrez que la redingote n'empêche pas de se sentir les coudes et qu'aux jours de danger cette même jeunesse serait la première à crier : en avant !

Ne voyons-nous pas tous les jours des exemples qui nous apprennent que le sentiment de la patrie, l'amour de l'humanité, le désintéressement de soi-même ne sont pas l'apanage des étudiants de 1830 et de 1848, et que ces qualités ne sont pas enfouies sous les décombres du vieux quartier ; l'étudiant d'aujourd'hui sait aussi mourir pour la science, dans les hôpitaux, ce champ de bataille du médecin, et, lorsque la mort vient le prendre au chevet d'un malade est-ce qu'elle lui reproche de s'habiller chez Dusautoy ou de se coiffer chez Pinaud ?

Et les étudiants de l'école Coloniale, est-ce qu'ils ne vont pas dans nos colonies lointaines, aux risques de mille dangers, porter la civilisation chez les peuplades sauvages ; ils savent aussi mourir, quand ils ne nous reviennent pas vieillards à trente ans, pour affirmer la prépondérance de la France, pour ceux-là, comme pour La Tour d'Auvergne, à l'appel de leurs noms, la postérité répondra : Morts au Champ d'honneur.

L'Etudiant en droit mérite aussi la reconnaissance de tous, lorsque, avocat, il consacre sa vie à la défense des malheureux et des déshérités qui ont trébuché dans le chemin de la vie si rude aux pauvres, mais lorsqu'il devient magistrat... mieux vaudrait toujours le voir étudiant et siéger chez Muller qu'à la 9° chambre !

III

SCHAUNARD. — DE L'INFLUENCE DU BLEU DANS LES ARTS. — UN BAIN FROID AU QUATRIÈME ÉTAGE. — PHÉMIE TU N'ES QU'UNE FAIGNANTE. — LA CHASSE A LA PIÈCE DE CENT SOUS. — TRENTE SOUS DE PAINS A CACHETER. — LA FIÈVRE DU CONGO. — MURGER ET LA COMMODE A TOUT FAIRE. — SAPECK. — LE COUP DE LA DÉPÊCHE. — UNE BONNE MYSTIFICATION. — STANLEY ET CAMERON. — SAPECK EN VOITURE A BRAS. — LE COUP DU TUYAU. — UN COIFFEUR EMBÊTÉ. — L'ÉPICIER DE LA RUE DAUPHINE. — UNE LEÇON DE NATATION DANS LE JARDIN DU LUXEMBOURG. — LE COUP DE L'OMNIBUS. — HENRI MONNIER. — DIX SOUS DE TROP. — MUET MAIS PAS SOURD. — DON JUAN CONDUCTEUR D'OMNIBUS. — UN TURC AU VIOLON. — ETUDIANTS ET PRÉFET. — UNE BALLADE CÉLÈBRE. — SAPECK CONSEILLER DE PRÉFECTURE. — QUATRE BATAILLE POUR UN. — UNE FIN PRÉVUE. — LA BLAGUE DU CHAPELIER. — UN BOURGEOIS AHURI.

La génération actuelle se souvient-elle de Schaunard et de l'illustre fumiste Sapeck ; Schaunard, lui, figure dans la *Vie de Bohême* de Murger, il a publié *Ses Mémoires* qui ne sont en somme qu'un commentaire du fameux livre de Murger. En leur temps, qui n'est pourtant pas éloigné de nous, Schaunard et Sapeck furent deux fumistes en grande réputation au quartier Latin. Schaunard fut sûrement un des premiers *impressionnistes*, on a longtemps cru que c'était une blague de Murger, que l'extraordinaire symphonie : *de l'influence du bleu dans les arts,* eh! bien, elle était réelle, Schaunard élève de Coignet, parce qu'il avait traversé l'atelier en courant, passait ses journées sur les tours Notre-Dame à peindre : *les horizons d'azur,* il en est qui voient la vie en rose, lui voyait du bleu partout. C'était un beau raté, peintre, musicien, homme de lettres, il termina sa vie en fabriquant des bébés qui disaient papa, maman, des moutons qui bêlent et des polichinelles en carton.

Schaunard, au quartier, passait la moitié de son existence à *chasser* la féroce et récalcitrante pièce de cent sous, et l'autre moitié à la dépenser le plus joyeusement possible.

Il habitait rue Saint-Jacques, ses fenêtres étaient juste au-dessus des réservoirs municipaux de la rue Racine, l'été, quand la nuit venait, il s'y faisait descendre par des cordes, et se payait une pleine eau ; quand il avait suffisamment barbotté, ses amis le remontaient, c'était une plaisanterie bien innocente, mais qui faillit lui couter cher. Un soir, pendant qu'il se baignait, ses amis allèrent à Bullier, ils se grisèrent abominablement et l'oublièrent ; il dut passer la nuit, assis sur une étroite margelle de pierre, quand le lendemain matin on le remonta il était presque mort de froid.

Comme pour Romieu, Choquart, Dupin on attribua à Schaunard une foule de boutades, de farces, dont quelques-unes sont aujourd'hui légendaires, il en a néanmoins quelques-unes de personnelles assez drôles. Schaunard que dans les jours de bonne humeur ses camarades appelaient par un horrible à peu-près: Schaunard sauvage, Schaunard aux navets, Schanne à pêche, etc., etc., était un soir de bourse plate, assis avec Phémie sur le bord de son lit de sangle, il lui lisait Alfred de Musset ; tout à coup il posa brusquement son livre et dit à sa compagne :

— Ce n'est pas toi qui serait pâle comme un beau soir d'automne et qui aurait une chevelure plus longue qu'un manteau de roi !... Ce n'est pas toi qui, en tirant ton bas de soie, ferait craquer ton corset de satin.... faignante.

Phémie ahurie crut que Schaunard était devenu fou subitement.

Schaunard avait acheté dans une vente pour la somme de trente sous, un vieux carton à chapeau rempli de pains à cacheter, il l'avait placé dans un coin et n'y pensait plus. Un soir, à Bullier, il fit la connaissance d'une femme qu'il emmena coucher chez lui ; le matin, en se levant, elle lui demanda cent sous, il partit en chasse, après avoir eu soin d'enfermer sa camarade à double tour.

Schaunard courut tout le quartier, c'était un 25 du mois, l'argent était rare, et quand il rentra il était légèrement émêché ; cela altère rudement que de répéter cinquante fois : — as-tu cent sous ?

S'embêtant dans son lit, n'ayant rien à boire ni à manger, pour se distraire, elle avait passé sa journée à se coller sur le corps tous les pains à cacheter qu'elle avait dénichés dans le carton à chapeau.

Au bout de quelques heures les pains à cacheter s'étaient séchés, racornis, et tiraient tellement la peau de la malheureuse, qu'elle poussait des cris atroces, elle se roulait par terre ; Schaunard revint vers huit heures, il faillit tomber à la renverse en voyant sa maîtresse dans un pareil état. Il courut aussitôt chercher un bain ; quand le garçon arriva apportant la baignoire, il recula épouvanté à la vue de cette femme multicolore ; Schaunard pour le rassurer lui glissa ces mots à l'oreille :

— N'ayez pas peur c'est une fièvre qu'elle a rapportée du Congo, mais elle n'est pas contagieuse !

Murger nous a appris comment les personnages de *la Vie de Bohème* avaient été mis en communication :

— Voici comment, le hasard, que les sceptiques appellent l'homme d'affaire du bon Dieu, mit un jour en contact les individus dont l'association fraternelle devait plus tard constituer le cénacle formé de cette fraction de la Bohème que l'auteur du livre a essayé de faire connaître au public.

Un matin (c'était le 8 avril) Alexandre Schaunard qui cultivait les deux arts libéraux de la peinture et de la musique, fut brusquement réveillé par le carillon que lui sonnait un coq de voisinage qui lui servait d'horloge :

— Sacrebleu ! s'écria Schaunard, ma pendule à plumes avance, il n'est pas possible qu'il soit déjà aujourd'hui.

En disant ces mots, il sauta brusquement hors d'un meuble de son industrielle invention, et qui, jouant le rôle de lit pendant la nuit (ce n'est pas pour vous dire mais il le jouait bien mal) remplissait pendant le jour le rôle de tous les autres meubles, absents par suite du froid rigoureux qui avait signalé le précédent hiver : une espèce de meuble maître Jacques comme on voit.

Pour se garantir des morsures d'une bise matinale Schaunard, passa à la hâte, un jupon de satin rose semé d'étoiles en paillettes, et qui lui servait de robe de chambre. Cet oripeau avait été une nuit de bal masqué, oublié chez l'artiste, par une folie qui avait commis celle de se laisser prendre aux fallacieuses promesses de Schaunard, lequel, déguisé en marquis de Mondor faisait raisonner dans ses poches les sonorités séductrices d'une douzaine d'écus, monnaies de fantaisies, découpées à l'emporte-pièce dans une plaque de métal empruntée aux accessoires d'un théâtre.

Sapeck, lui, fut un vrai étudiant et non un transplanté comme Schaunard, tous les étudiants qui ont passé par le quartier de 1875 à 1885 l'ont connu et aimé ; quand une semaine se passait sans une nouvelle fumisterie de Sapeck, le quartier était triste. il était l'amuseur de tous, quand ça lui prenait il lâchait le *corpus juris civilis* et sortait avec la pensée d'en « faire une bien bonne ».

Sapeck était un farceur à froid, il excellait à imiter les combats entre chiens et chats. Vers une heure du matin en sortant du café, il avisait une maison habitée par de bons bourgeois, il sonnait, la concierge dans son premier sommeil tirait le cordon, il entrait, en passant devant la loge il bredouillait un nom de fantaisie, il grimpait quatre à quatre les escaliers. Arrivé au troisième ou au quatrième il commençait à miauler, à aboyer, à simuler un combat terrible, et faisait un vacarme effroyable, les locataires éveillés en sursaut, entrebâillaient leurs portes, le concierge sautait à bas de son lit, pour mettre le holà ; quand la maison entière était sur pied, Sapeck redescendait tranquillement et allait rejoindre ses camarades qui l'attendaient dans la rue.

Un soir qu'il avait cherché en vain quelle fumisterie il pourrait imaginer, il entra dans la grande salle de la Sorbonne, l'auditoire se composait d'un public de premier choix ; l'amiral X.. entouré des membres de la société de géographie, présidait la séance, Stanley rendait compte de son dernier voyage d'exploration. On sait qu'il existait une grande rivalité entre Stanley l'explorateur anglais, et Cameron l'explorateur français ; Sapeck qui les savait ennemis imagina de les réconcilier, il courut à un bureau télégraphique et rédigea une dépêche en ces termes : — Sir Henry Stanley, Sorbonne, Paris — Connais inconnu, merci pour géographie. Te tends mains par dessus monde, amitiés — lieutenant Cameron, Splendid'Hôtel.

L'employé expédia immédiatement la dépêche et Sapeck courut reprendre sa place à la Sorbonne. A peine était-il assis, qu'il vit un pli bleu passer d'huissier en huissier jusqu'à l'amiral qui la remit à Stanley, celui-ci interrompit son discours, la lut rapidement, parut vivement touché, et la passa à l'amiral qui la lut à son tour, il se leva aussitôt et expliqua d'un ton pénétré qu'un incident des plus touchants se produit, il lut la dépêche à l'auditoire et ajouta : — Il n'appartenait qu'à un seul homme de féliciter Stanley, c'était à Cameron !

Sapeck se tordait de rire en voyant le succès de sa fumisterie, ce fut bien pis encore, quand le lendemain, les journaux reproduisirent la dépêche et que quelques jours plus tard *Le Bulletin Mensuel de la Société de Géographie* relata « l'incident touchant etc. etc. »

Cameron était loin du Splendid'hôtel, il était sur le fleuve Jaune.

Cette fumisterie était personnelle et n'eut qu'un petit retentissement, il n'en fut pas de même des autres.

Lorsque, dans les cafés du Boulevard Saint-Michel on recevait la carte suivante : *M. Sapeck sortira demain à 3 heures*, c'était une joie universelle. Les étudiants se pressaient aux terrasses, sur les trottoirs, et des vivats formidables annonçaient l'arrivée de Sapeck en toilette de soirée, assis majestueusement dans une voiture à bras, traînée par des amis. Quand les agents se fâchaient et fourraient au poste tout le cortège la joie ne connaissait plus de bornes.

Sapeck est l'inventeur du *coup du tuyau*.

A la nuit tombante il se glissait dans un de ces

grands tuyaux d'égoût qui attendent sur le trottoir, le moment d'être placés, lorsqu'un passant frolait le tuyau, Sapeck avançait rapidement la main, tirait avec force le bas du pantalon du bonhomme et rentrait dans son tuyau, on juge de l'épouvante et des cris terribles du passant qui appelait au secours, à l'assassin tandis qu'à quelques pas de là les camarades se tordaient de rire.

Un jour de pluie Sapeck entra chez un coiffeur du boulevard Saint-Michel, près du lycée Louis-le-Grand.

— C'est pour la barbe, dit-il, et il s'assit

Une minute plus tard, un, deux, dix, vingt, soixante étudiants pénétraient dans la boutique et s'asseyaient sans souffler mot, sur les chaises, sur les tables, sur les lavabos, sur le comptoir, envahissaient l'escalier avec leurs parapluies ruisselants d'eau.

Le coiffeur radieux d'une telle aubaine rasa Sapeck en deux tours de mains.

— Messieurs, à qui le tour ? dit le coiffeur gracieusement.

— A personne, répondit Sapeck, ces messieurs m'accompagnent.

Il donna cinq sous et toute la bande sortit silencieusement, étouffant une envie de rire formidable

Un jour Sapeck se présenta chez un épicier de la rue Dauphine, comme étant l'économe du Séminaire Saint-Sulpice.

— Monsieur, dit-il à l'épicier, quelles sont vos meilleures marques de bougies, je vous ai choisi comme fournisseur de la maison.

— Le *Phénix*, l'*Etoile*, *la Bonne Mère*, *le Trône*, nous en avons dix à votre choix.

— Allumez sur ce comptoir, une bougie de chaque marque, nous allons juger quelle est la meilleure.

Il s'assit aux côtés de l'épicier, en face du comptoir ; pendant que les dix bougies brûlaient, la foule, peu à peu attirée par cette illumination inusitée, encombrait le trottoir, la rue, au bout de trois quarts d'heure Sapeck se leva et sortit en disant :

— Ce sont des qualités inférieures, je ne saurais qu'en faire de vos bougies, gardez-les.

L'épicier furieux déposa une plainte qui n'eut pas de suite, mais il ne pardonna jamais à Sapeck.

Un jour il donna au Luxembourg, une séance de natation. Pour quelques excentricités, les gardiens voulurent toujours riant, l'arrêter ; soudain il s'échappa, arriva en trois enjambées, au bassin, profond de trente centimètres environ, et se jeta à la nage, il atteignit, au centre du bassin, une colonne, s'y jucha, et là, fit un discours aux agents sur les avantages du bain froid, tandis que les foules fidèles l'acclamaient.

Le *coup de l'omnibus* est désopilant.

Sapeck s'installait dans Batignolles-Clichy-Odéon et quand le conducteur réclamait :

— Places s'vous plaît.

Il lui disait doucement :

— Est-ce bien à vous que je dois donner mes six sous ?

— Oui.

— Pourquoi ?

— Parce que je suis le conducteur.

— Qui me dit que vous êtes le conducteur ?

— Mais.... mon costume par exemple.

— Cela ne prouve rien, tout le monde peut avoir un costume comme le vôtre.

Arrivé à la prochaine station, le conducteur mettait le contrôleur au courant de la situation ; le contrôleur s'approcha de Sapeck

— Pourquoi refusez-vous de payer ?

— Mais je ne refuse pas de payer.

— Eh ! bien alors payez.

— Mais qui êtes-vous ?

— Je suis le contrôleur.

— Qui me dit que vous êtes le contrôleur ?

On voit d'ici la scie montée par Sapeck qui poussait la blague jusqu'à dire aux sergents de ville que le contrôleur avait fait appeler :

— Qui me prouve que vous appartenez à la préfecture de Police ?

L'omnibus ne partait pas, la foule s'amassait, attirée par la discussion.

— Paiera, paiera pas, criaient les gamins ; quand il jugeait le rassemblement suffisant, gravement, un à un, il tirait ses six sous.

Une charge en omnibus, encore plus réussie, est celle-ci :

Le soir, au café, il écrivait mystérieusement quelques lignes, sur une douzaine de petits carrés de papier, puis le lendemain, il montait en omnibus, de préférence l'omnibus de Place Pigalle, Halle aux Vins qui passe devant les Magasins du Louvre, ou celui de la rue du Bac qui va aux Magasins du Bon Marché, parce que ces deux voitures à une certaine heure, sont envahies par des femmes qui vont visiter ces magasins ou y faire leurs emplettes.

Il s'asseyait à la troisième place ; au moment de payer les places, on sait qu'il est d'usage que la monnaie passe de mains en mains pour arriver au conducteur et qu'il en est de même quand celui-ci rend sur une pièce ; or, en passant la monnaie, Sapeck glissait adroitement avec elle un des mystérieux petits carrés de papier, la femme n'osait pas le lire devant le monde, elle attendait le moment de descendre pour y jeter un coup d'œil, stupéfaite elle lisait ceci :

Je vous aime
le conducteur

La voiture s'arrêtait, le conducteur s'empressait galamment de soutenir la femme, en récompense il recevait parfois, même souvent, d'une voyageuse grincheuse, un formidable soufflet, personne excepté Sapeck ne comprenait rien à ce genre de remerciement pour une politesse traditionnelle, mais au moment de descendre à son tour, il menaçait le conducteur ahuri de le dénoncer à la compagnie comme séducteur ambulant.

Henri Monnier faisait également la charge de l'omnibus : quand un voyageur lui passait une pièce de quarante sous pour payer sa place, il glissait adroitement dans la monnaie que rendait le conducteur, une pièce de dix sous, et il riait à se tordre en voyant les hésitations du bourgeois qui finissait par garder la pièce, alors, avec son bon et large sourire il disait :

— Conducteur, réclamez donc à Monsieur, vous lui avez rendu dix sous de trop.

On voit d'ici la confusion du voyageur pris en flagrant délit de malhonnêteté.

D'autres fois Sapeck « faisait le muet », il se plaçait sur l'Impériale, au milieu, pendant dix minutes le conducteur lui réclamait ses trois sous, mais Sapeck feignait de ne pas entendre et continuait à lire son journal ; ses voisins lui frappaient sur l'épaule, lui criaient dans l'oreille :

— Vos trois sous, tout en déplorant qu'un homme aussi jeune fut atteint d'une aussi cruelle infirmité, alors, subitement, Sapeck se levait et criait :

— Sapristi ! messieurs, je suis muet, mais je ne suis pas sourd !

On sait que l'été, les blanchisseuses qui travaillent en boutique, laissent généralement leurs portes ouvertes à cause de la chaleur du fourneau, elles repassent en babillant, vêtues le plus souvent d'un simple jupon blanc et d'une camisole ouverte, sans corset, Sapeck entrait gravement dans la boutique, dissimulant sous son paletot un petit pot en terre, et demandait deux sous de lait, mais nous n'en vendons pas répondait la patronne ; — vous n'avez donc pas trait vos vaches ce matin ? lui répondait Sapeck, aussitôt il jetait son pot au milieu de la boutique et se sauvait en courant, poursuivi par les huées des blanchisseuses qui, furieuses lui jetaient parfois leurs fers à repasser.

Cette plaisanterie, d'un goût douteux était souvent renouvelée avec succès.

L'avant dernière blague de Sapeck provoqua une

émeute au quartier latin : il avait déclaré dans une réunion d'étudiants, que tout Parisien avait le droit de s'habiller en turc, et de se promener dans ce costume malgré la police.

Un jour du mois de Mai, Sapeck vint à la Musique du Luxembourg, coiffé d'un énorme turban rouge, vêtu d'un pantalon bouffant et d'une petite veste jaune, comme en portaient les Mamelucks du premier Empire ; on lui fit, à son arrivée, une ovation formidable, la musique dut s'interrompre et cinq ou six gardes accoururent.

Sapeck impassible, se coucha devant le bassin, invoqua Allah, Mahomet et refusa de se lever et de circuler, il fallut une escouade de douze gardiens pour l'enlever à bout de bras et le conduire au poste du Panthéon ; mais tous les étudiants prévenus accoururent en masse ; en un instant le poste fut assiégé.

— Rendez-nous Sapeck ! c'est une infamie ! on n'arrête pas un homme parce qu'il est habillé en turc ! à bas les sergots !

Trente arrestations furent opérées.

Vers six heures, le préfet de police fit amener Sapeck à son cabinet, les agents lui avaient retiré son turban, et lui avaient mis une capote pour cacher la fameuse veste jaune.

Trois mille personnes suivaient en vociférant, le chef de la police municipale avait fait barrer le Petit Pont par les brigades centrales, mais la foule força le cordon d'agents et envahit le Boulevard du Palais.

Au bout d'une heure, les fenêtres de l'appartement

du préfet de police s'ouvrirent, et Sapeck apparut au balcon,

— Messieurs, dit-il, nous venons de nous entendre avec M. le préfet, je lui ai promis de ne plus m'habiller en turc, je vous prie de circuler, Vive monsieur le Préfet, Vive la République.

Les étudiants n'oublieront jamais cette étonnante soirée.

Quelques années plus tard, vers le milieu du mois de Septembre, on ne s'abordait plus au quartier qu'en disant :

— Connais-tu la nouvelle ?

— Non !

— Sapeck, reprenant son nom de *Bataille* est nommé conseiller de préfecture, à Lons-le-Saulnier, dans le Jura, sa nomination est à l'*Officiel*.

— Ce n'est pas possible, c'est encore une nouvelle fumisterie.

La nouvelle était vraie !

Ce même numéro du *Journal officiel*, annonçait à la suite de la nomination de Bataille que le président de la République accordait une pension viagère au fils d'Abdel-Kader ; le lendemain circulait dans le quartier, une ballade qui fit fortune dans les brasseries, je regrette de ne pouvoir citer son auteur.

BALLADE

Muse, prête moi ton rebec
Donne à mes vers gente tournure,
Que les mots s'enchaînent avec
Facilité, grâce et mesure ;

Et, bien que le sujet soit sec,
Invente des rimes en ec
Souffle-moi des rimes en ure,
Pour chanter dignement Sapeck,
Le conseiller de préfecture.

Tout Paris a son nom au bec,
On a vu partout sa tournure,
Et qu'il soit à cheval, en break,
A pied, à sa désinvolture,
L'aristo, le bourgeois, le mec,
Chacun à sa vue exclame : « Ec
Ce homo » Mais il n'en a cure :
Car il est modeste, Sapeck,
Le conseiller de préfecture

D'Aignan jusques à Lubeck,
Du Tonkin à l'Estramadure
De Monaco jusqu'à Québec,
On connaît son illustre hure,
Je le dis sans Salamalec :
Des fumistes il est le nec
plus ultra, et, je vous le jure.
Il n'est au monde que Sapeck;
Le conseiller de préfecture

ENVOI

Prince, qui pensionnes un chéik,
Père Grévy, donne à Waldeck-
Rousseau, rubans et place sûre,
Pour avoir fait du grand Sapeck
Un conseiller de préfecture

Quoique conseiller, il fit une dernière fumisterie.

En tournée dans une ville, il fut invité à une soirée du général, il se fit annoncer sous quatre noms différents :

Bataille, conseiller de préfecture.

Bataille, lieutenant de réserve.

Bataille, avocat.

Bataille, fumiste.

Pour chacun le général trouva un mot aimable, au dernier, se doutant qu'il était refait, il éclata :

— Mais Non de Dieu, où sont donc les autres Bataille ?

— Mon général, je les ai absorbés répondit Sapeck.

Sapeck est mort fou et secrétaire général de la préfecture de Beauvais.

Mais avec lui la fumisterie n'est pas enterrée ; il a eu pour successeurs, deux de nos confrères : Alphonse Allais et Georges Auriol (nous les retrouverons à Montmartre) qui ont une note plus personnelle et plus spirituelle.

Etant tous deux dans un café du Boulevard Saint-Michel, assis à la terrasse, un provincial à l'air cossu, ventre en avant, sur lequel s'étalait une énorme chaîne, un gros solitaire à l'annulaire, s'assit au guéridon voisin, comme il faisait très chaud il posa son chapeau sur une chaise.

Allais, machinalement, regarda dans le chapeau et vit les initiales : R. V. et au dessus l'adresse du chapelier ; une idée folle, lui passa aussitôt par la tête, il se leva, entra dans le café, et alla consulter le *Bottin* du département ; après avoir examiné quelques instants il découvrit que ces initiales faisaient : René Vancaubery marchand de bois à Dunkerque, il revint à sa place et fit signe à Auriol, celui-ci comprit d'un coup d'œil qu'une bonne mystification allait se produire.

Ostensiblement, Allais regarda dans le chapeau et manifesta aussitôt les signes d'une vive surprise, le provincial le regardait étonné.

— Pardon, monsieur Vancaubery, dit Allais en saluant, vous êtes de Dunkerque ?

— Mais, oui Monsieur, répondit le provincial.

— Oh ! je suis heureux de cette rencontre, ajouta Allais, j'ai tous mes amis dans cette ville, vous connaissez M. Durand, le maire, le général Patin, mon cousin, l'évêque Mgr Charles, mon oncle ? (Il avait lu ces noms dans le *Bottin*).

— Mais parfaitement, ce sont mes amis, ah ! je suis bien heureux de vous rencontrer dit le provincial, vous allez me faire l'honneur de dîner tous deux avec moi.

L'offre fut acceptée, et les voilà tous trois à faire pendant trois jours une noce à tout casser.

Allais et Auriol ne tarissaient pas sur les beautés de la patrie de Jean Bart, quand ils se séparèrent ce fut sur la promesse que nos deux confrères iraient passer une saison au casino.

Quand le provincial rentra chez lui ; il trouva une invitation à une soirée du préfet à laquelle devaient se trouver le Maire, le Général et l'Evêque, il s'empressa d'y aller pour leur donner des nouvelles de leur cousin et de leur neveu.

— Ah ! Voyez comme le hasard est grand, j'ai le bonjour à vous souhaiter de votre cousin, dit-il au général.

— Mais je n'ai pas de cousin !

Même scène avec l'Evêque.

Bref, on crut toute la soirée que la tête du pauvre marchand de bois s'était détraquée, mais il ne voulut jamais démordre que la négation de ces messieurs en ce qui concernait leur parenté ne cachait pas un mystère !

IV

Souvenirs rétrospectifs. — Le bal de l'Hermitage. L'Elysée Buffet. — Les terreurs. — La musette de Saint-Flour. — Le divan japonais. — Une proclamation historique. — Les premiers jours du divan. — Un directeur embarrassé. — Une scie populaire. — Les tapageurs. — Le panaris de mademoiselle Duclerc. — Une soirée mémorable. Le mal de genou de la Taglioni.

Sur l'emplacement du *Divan Japonais* se trouvait autrefois, en retour d'équerre, le *bal de l'Hermitage*, il formait l'angle de la rue des Martyrs, il était célèbre dans le monde des merciers de la rue Saint-Denis, il était de mode de n'y boire que de la bière de mars. à cinq sous la bouteille et de n'y manger que des échaudés.

Sous la Restauration et sous la seconde République, ce bal eut une grande vogue, on l'avait surnommé le *bal des épiciers*, à cause de la grande quantité de garçons épiciers de la rue des Lombards qui y venaient chaque dimanche en compagnie de leurs voisines, les confiseuses.

Son nom de l'*Hermitage* lui venait de ce qu'une légende voulait, qu'un Hermite eut habité de longues années une grotte qui se trouvait au fond du jardin.

Il disparut en 1860.

Sur son emplacement on éleva des masures, où s'établirent naturellement des marchands de vin ; parmi eux, à l'angle de la rue, la boutique du marchand de vins était un immense couloir, un boyau étroit, infect, qui faisait froid rien que d'y penser, le patron ouvrit un bal, avec un orchestre composé de musiciens allemands, pour les buveurs, il fit ajouter un balcon.

Cet établissement, par dérision, fut baptisé du nom de l'*Elysée-Buffet* (Buffet était le nom du Patron) il devint promptement le rendez-vous de la crapule des environs, là, naissaient les *Terreurs*, le *Rouquin*, le *Mome poilu* dit *Pattes en l'air*, les sergents de ville faisaient le tour afin de ne point passer devant la maison, les Municipaux restaient sur le trottoir, on y rencontrait : *la mome la crotte, Ninie chie par force, Titine la fleur d'excéma* ; les *nourrisseures de poupards* (préparateurs du vol à accomplir) avaient fait de l'*Elysée-Buffet*, leur quartier général.

Quand une querelle survenait, cela faisait un joli gâchis, on les laissait s'arranger à leur guise, seule, la mère Buffet, avait une influence sur les plus féroces, quand un des habitués était sous sa protection il était sacré.

Ce bal fut supprimé en 1883.

Les masures qui n'étaient pas à l'alignement furent

démolies ; sur le terrain on construisit un baraquement qui prit pour enseigne : *à la Taverne du Bagne*.

La Taverne dura trois mois ; sur son emplacement on construisit les maisons actuelles qui portent les n°s 2 et 4 du Boulevard de Clichy. Au numéro 75 de la rue des Martyrs dans le couloir étroit qui longe le *Divan Japonais* il existait encore en 1893 un acacia du jardin de l'ancien *Hermitage*

La fermeture du *Bal de l'Hermitage*, entraina la même année, la fermeture d'une *musette* qui était sa voisine, elle était connue sous le nom de *musette de Saint-Flour*.

La porte était surmontée d'une immense enseigne représentant un gigantesque Auvergnat, coiffé d'un fez rouge, en manches de chemise, avec un gilet bleu, soufflant de toute la force de ses poumons dans une énorme musette.

Cette *musette* était le rendez-vous des charbonniers du voisinage et des porteurs d'eau, la bière et les échaudés n'avaient pas droit de cité, la payse Catherine, fouchstra ne voulait que du vin à douze, cachet vert. Ce qu'il s'en est engouffré de demi-septier dans cet endroit-là c'est incalculable, on appelait cela : mettre une épingle à sa cravate.

Le *Divan Japonais* fut construit entre la maison du marchand de vin encore debout et celle occupée par un hôtel où la famille Rossignol fut célèbre.

Au début le *Divan* était scindé en deux ; sur la partie du devant il y avait des billards, la seconde partie était formée de la salle et de la scène. Le service était fait par des garçons costumés en Japonais ; signe particulier, quand ils avaient commis des méfaits, ils n'étaient pas condamnés à s'ouvrir le ventre.

Il n'y avait pas de sous-sol.

Quand je pris la direction du *Divan*, je fis répandre à profusion la proclamation suivante au Peuple de Paris :

PROCLAMATION
du Sieur Jehan SARRAZIN
GONFALONIER DE LA RUE DE LA TOUR D'AUVERGNE

Au Peuple de Montmartre, Montrouge, Montparnasse et Paris

Le sieur Jehan Sarrazin, gonfalonier de la rue de la Tour d'Auvergne a l'honneur de faire savoir aux habitants de Montmartre, Montrouge, Montparnasse, Paris et à ceux des provinces circonvoisines que par la volonté du Parlement, avec l'autorisation du Président de la République et l'assentiment du docte Sénat, il installe ses dieux familiers en son nouveau palais du :

DIVAN JAPONAIS
N° 75, rue des Martyrs

Le sieur Jehan Sarrazin, invite ses concitoyens, vassaux et autres ainsi que leurs dames, épouses ou concubines à le venir voir en son nouveau séjour afin d'y boire frais, de s'y divertir et d'assurer l'éternel salut de leurs esprits et de leurs corps, en dégustant dans des vaisselles d'or et de vermeil, la trois fois dive olive, princesse inamovible, des productions de la nature.

Le sieur Jehan Sarrazin avertit le peuple de Paris et des alentours, qu'ayant été promu au grade de Lieutenant-Général de son Bon Plaisir, il a donné des ordres les plus sévères pour que la moindre mélancolie soit pourchassée à plus de deux mille lieues au-delà des bornes de son domaine. En conséquence les personnes affligées de soupirs, tristesses, préoccupations, ou mauvaises humeurs, seront impitoyablement expulsées de son château, découpées en tranches et expédiées dans les archipels, par le plus prochain paquebot de la Cie Trans-Océanique des Sandwichs polynésiens.

Les individus munis d'un accent allemand authentique seront descendus avec mille précautions au fond d'une oubliette profonde de septante-neuf mètres et demi où ils ne recevront pour toute nourriture qu'un petit pain pour 4, tous les 11 jours, et d'où ils ne pourront être extraits que sur la requête d'un de leurs parents, décédé depuis 20 ans au moins.

Il sera défendu de parler politique sous peine d'une amende pouvant varier de 5 centimes à 8.000 dollars selon la position, le caractère et les antécédents du coupable.

Le sieur Jehan Sarrazin, fait savoir au peuple de la banlieue, qu'il n'a rien négligé pour que ses clients puissent dignement se rafraîchir selon leurs goûts et leurs caprices. Les liqueurs et les boissons les plus variées seront mises à la disposition du public, moyennant des sommes quelconques, diverses ou relatives, **l'exquise bière de Maxeville** jusqu'au vin champenois le plus rare, à l'exception cependant de l'appéritif généralement appelé Ipécacuana, lequel sera rigoureusement prohibé.

Grâce aux plus prodigieux sacrifices et aux plus exorbitantes combinaisons, le sieur Jehan Sarrazin s'est assuré le concours des plus hautes célébrités contemporaines afin de contribuer au delà de leurs vœux les plus exagérés, à l'amusement de ses concitoyens fussent-ils célibataires, moines ou entrepreneurs de pompes funèbres.

En outre, il s'engage à faire chaque semaine de nouvelles surprises à ses habitués, à renouveler pour eux les enchantements des mille et une nuits, en un mot à reculer au gré de leur fantaisie, les bornes de l'impossible, du vertigineux et de l'incroyable.

Désireux de perpétuer la joie et le rire dans la contrée et de grouper autour de lui le public le plus élégant et le plus choisi des 5 parties du monde, le sieur Jehan Sarrazin entouré des célébrités les plus fameuses de l'ancien et du nouveau continent donnera au public un spectacle chaque jour plus rare, plus désopilant et plus excentrique.

Le sieur Jehan Sarrazin, poussera enfin la fantaisie jusqu'à se montrer personnellement en public, muni des divers agréments dont l'a gratifié la nature et il daignera prendre une part active aux conversations les plus hétéroclites.

Sur quoi, ayant solennellement juré sur la loi de remplir son devoir fidèlement, il signe la présente proclamation en saluant ses concitoyens.

Jehan SARRAZIN.

Gonfalonier de la rue de la Tour d'Auvergne.
Propagateur de l'Olive dans les peuplades septentrionales.

Fait à Paris, ce 23ème jour du mois d'Octobre, par devant les autorités compétentes.

Comme bien on le pense, la foule n'accourut pas tout de suite, il fallut dépenser des efforts prodigieux, mais en peu de temps la glace fut rompue et le *Divan* devint le rendez-vous privilégié de toute la jeunesse qui s'amuse.

Ah ! Je puis assurer que ce ne fut pas une barque facile à mener.

Deux dilemmes se posaient.

Si je faisais du *Divan* un concert banal, je tombais dans la routine et le *Divan* n'avait pas plus sa raison d'être que les nombreux concerts de Montmartre, c'était un concert de plus voilà tout.

Si je laissais la liberté aux spectateurs de faire du tapage, le Bourgeois paisible déserterait le *Divan*.

Mon embarras était grand, prendre une décision était chose aussi difficile que de faire la soupe dans une poêle à marrons, aussi je laissai au hasard le soin de m'inspirer.

Dès les premiers jours, le *Divan* fut envahi par toute une jeunesse bruyante qui se considérait comme chez elle.

Il fallait voir ce vacarme qu'elle faisait à propos de rien, les uns au moment pathétique d'une romance sentimentale ouvraient leur parapluie comme pour se garer des larmes, d'autres criaient : chapeau, chapeau, c'était assourdissant, d'autres fois, le public chantait en chœur :

Napoléon est mort à Sainte-Hélène
A Sainte-Hélène est mort Napoléon
Si Napoléon n'était pas mort à Sainte-Hélène
A Sainte-Hélène ne serait pas mort Napoléon

Quand cette scie était terminée, le calme ne régnait pas longtemps, aussitôt une autre scie commençait.

J'avais beau me multiplier pour faire silence, j'avais beau jurer, tempêter, les mâtins criaient : Sarrazin, Sarrazin... sur l'air des lampions, pas moyen de se fâcher, parfois, pour faire un exemple, j'en faisais bien mettre un ou deux à la porte, mais dix minutes plus tard ils revenaient repentants, quitte à recommencer le lendemain.

Une soirée inoubliable dans les fastes du tapage fut celle-ci :

Mlle Duclerc était affichée comme étoile, elle devait chanter deux morceaux, au milieu de la soirée ; vers neuf heures et demie, personne, dix heures personne, la salle houleuse, criait, chantait, réclamait Mlle Duclerc, je ne savais que dire, j'espérais toujours croyant à un petit retard, lorsque je reçus un billet m'annonçant qu'elle avait un panaris !

Je sautai dans une voiture et me fis conduire chez elle au galop, elle habitait au diable, rue des Boulets ; je la trouvai tranquillement assise au coin de son feu, son panaris était une piqûre d'aiguille !

— Allons, habillez-vous, lui dis-je, vous serez cause si vous ne venez pas que l'on va tout saccager au *Divan*.

Elle hésitait, je la pris pour ainsi dire d'assaut, je l'aidai à s'habiller, et nous voilà en voiture :

— Cocher cent sous de pourboire, rue des Martyrs 75.

Telle diligence que fit le brave cocher il était environ onze heures quand'il arrivait au coin du boulevard. La voiture ne put entrer rue des Martyrs, à cause de la foule qui beuglait, le *Divan* était littéralement assiégé ; il n'y avait plus de devanture, elle était réduite en mille miettes, un cordon de sergents de ville gardait les débris, dix ou douze tapageurs, des étudiants Roumains et Hongrois étaient au poste.

— Voilà, dis-je à Mlle Duclerc, ce que me coûte votre panaris.

Ce panaris là fut plus promptement guéri que le mal de genou de la Taglioni.

Un soir elle fit prévenir le directeur de l'opéra qu'elle ne pourrait danser, qu'elle était atteinte d'un violent mal de genou.

Il devait y avoir ce soir-là soirée de Gala, aussi la déception des spectateurs fut grande, M. de Talleyrand qui était au nombre des spectateurs était furieux de ce contre-temps ; quelques années plus tard, il rendit visite à la célèbre danseuse; dans le salon, un bébé rose et blond, jouait sur le tapis.

— Tiens, je ne vous connaissais pas ce petit enfant dit M. de Talleyrand à la Taglioni.

— C'est mon mal de genou, répondit-elle !

V

Impossible d'aller plus haut — Yvette Guilbert. — Succès prévu. — Une bonne camarade. — Une réflexion amère. — Le déménageur. — Eh! la coterie. — Six kilos de Pivois. — Un habit bien gênant. — L'homme en blouse. — Fred Evans. — Minnie Joé. Voulez-vous un bistec? — Kadoudja. — Un arc en ciel. — Des bijoux dans un pot de nuit. — Un huissier em... bêté. — Un chien intelligent. — L'odeur du papier timbré.

J'avais pris pour le *Divan*, la devise de Fouquet, je voulais faire l'impossible et réunir tous les vendredis toutes les attractions imaginables; ces jours-là c'était soirée de Gala, elles furent vite adoptées par les jeunes gens du monde qui affectionnent la butte.

Le public n'était plus le même du tout, on se serait cru à l'opéra, avec la liberté de fumer, le rire en plus, et l'obligation d'une tenue sévère en moins.

Ce fut au *Divan* que revint l'honneur d'avoir produit la célèbre chanteuse *Yvette Guilbert*, elle n'était certes pas la brillante artiste d'aujourd'hui, mais sa diction originale faisait pressentir aux amateurs « qu'elle irait loin » ; la prophétie s'est réalisée.

Qu'ajouterais-je pour glorifier ce talent si gracieux et si personnel ?

Rien que ceci, malgré ses succès et sa fortune, elle est restée la bonne camarade, qui se souvient des jours de jadis et qui est toujours prête à donner son concours pour aider ceux à qui la fortune n'a pas été propice.

C'est un grand titre à l'estime publique, car la gloire grise encore plus que le vin, et il en est beaucoup d'arrivés qui oublient leur berceau et leur nourrice.

Que l'on me pardonne cette réflexion philosophique, quand on rassemble ses souvenirs, souvent hélas ! une note amère vient sous la plume.

On a raconté, et c'est devenu légende que les plus célèbres ténors de notre siècle. Poultier, Villaret, Morére, Renard, Sellier, etc. etc, avaient été découverts par le plus grand des hasards.

A ce qu'il paraît qu'on trouve des ténors comme on trouve des caniches et qu'on en déniche dans des coins perdus comme on déniche des merles dans le bois.

Le fameux *homme en blouse* qui eut tant de succès au *Divan* fut découvert suivant la tradition.

Un jour que je passai rue de Rome, me voilà tout à coup arrêté sur le trottoir par un encombrement de meubles, au même moment apparaissait un déménageur;

une table de nuit sur l'épaule, chantant le refrain des *Sapins* de Pierre Dupont — c'était le déménageur qui chantait et pas la table de nuit — je m'arrêtai net, pour écouter ; la voix, sans méthode naturellement, était pure et franche.

— Vous chantez rudement bien, lui dis-je.

— Oh ! faut pas y faire attention, me répondit-il, quand on descend une commode du *cintième*, ça donne du biceps.

— Voulez-vous me chanter la chanson entière des *Sapins*, ajoutai-je, cela me fera doublement plaisir, je suis le filleul de l'auteur, Pierre Dupont. Si vous voulez je paye une tournée.

Les déménageurs ne sont pas durs, un coup de *Pivois*, comme ils disent, cela donne du cœur au ventre.

— Vous arrivez comme *Mars en calèche*, fit-il, le *Borguignon*, nous tape sur le *ciboulot*, il fait une soif à cracher des pièces de dix sous, allons-y.

D'abord il commença par appeler la coterie, on ne fait pas *suisse* chez les déménageurs, ils étaient huit ou neuf.

Nous voilà installés chez le mastroquet, sans façon, il commanda trois *kilos* d'un seul coup, puis sans se faire prier, il commença à chanter les *Sapins*, les *Bœufs*, la *Vigne*, il ne tarissait pas. C'était étourdissant et j'étais émerveillé ; quant aux *cuirs* je n'y faisais pas attention.

— Voulez-vous venir chanter chez moi, lui dis-je, je ferai votre fortune.

— Vous blaguez, je chante à la flan pour les camarades, je ne suis pas un *artisse*.

— Cela ne fait rien, je vous ferai donner des leçons.

— Je veux bien, mais pour sceller le marché, vous allez nous repayer une tournée.

— Volontiers.

— Garçon, trois *kilos* et du rupin.

Rendez-vous pris, il fut exact, je lui fis donner des leçons par un professeur célèbre, et j'annonçai ses débuts pour un vendredi.

Je lui fis confectionner une toilette de soirée tout ce qu'il y avait de plus chic, et j'attendis son début avec impatience.

La salle était pleine à ne pas y jeter une épingle. Aussitôt son tour venu, l'orchestre joua la ritournelle et *mon* ténor fit son entrée. Il fut accueilli par un immense éclat de rire, et moi-même je ne pus m'empêcher de prendre part à l'hilarité générale.

Figurez-vous un homme petit, trapu, carré d'épaules, un cou de taureau, une tête large, le front bas, les cheveux d'un noir de jais, lui couvraient la tête, une véritable forêt. Il avait un col droit, sa cravate blanche etait remontée entre son col et son cou et l'étranglait, il n'osait fermer ses mains de peur d'abîmer ses gants neufs, son habit le gênait dans les entournures, de plus, il n'avait jamais voulu abandonner ses souliers ferrés et il chaussait du quarante trois !

Avant de commencer son morceau il arpentait la scène en se dandinant comme l'ours Martin dans sa fosse attendant son petit pain de seigle.

Il fut très applaudi.

— Ah ! me dit-il en rentrant dans la coulisse, votre sacré voleur d'habit est plus lourd à porter qu'une armoire à glace.

— Eh ! bien, mon ami, comme vous ne chantez que des paysanneries, lui répondis-je, vous chanterez désormais en *blouse*, dans votre costume de déménageur.

Voilà comment fut trouvé l'*homme en blouse* dont tout Paris se souvient.

Aujourd'hui la chrysalide est devenu papillon, car en quittant le *Divan Japonais*, il fut engagé à Londres à raison de cent francs par soirée.

Il n'invite plus les coteries à boire des *Kilos* chez le *Bistro* du coin.

Deux des mimes les plus amusants qui passèrent au *Divan* furent *Fred Evans* et *Minnie Joé*, l'homme et la femme, c'étaient deux êtres bien extraordinaires, lui, avait tous les talents, clown, peintre, chanteur, charpentier, couturière, et.... gardeur d'enfants, je crois même qu'il était nourrice, car il avait un biberon dans la poche de son pardessus ; elle, une anglaise blonde, avec de grands cheveux blonds lui tombant sur les épaules, de grands yeux bleus, maigre à passer par le trou d'une aiguille, une figure à baiser une chèvre entre les deux cornes.

Fred avait une façon de dire : Il fait chaud ce soir qui faisait le bonheur du public.

Il sortait de temps en temps de sa poche une vieille semelle de soulier, la fourrait sous le nez de *Minnie* en lui disant : voulez-vous un bistec ?

C'était bien une plaisanterie anglaise, lourde et pâteuse, mais c'était fait si drôlement, et avec des grimaces, si contorsionnées qu'il amusait tout le monde.

Le public aimait tellement ces artistes qu'ils restèrent au *Divan*, pendant trois ans.

Une chanteuse qui eut un moment le don d'égayer l'auditoire, rien qu'à sa vue, fut *Kadoudja*, la belle négresse,

Elle avait des bas roses, des souliers rouges, une robe à ramages verts et noirs, un chapeau orné de fleurs jaunes, bleues et violettes et d'un énorme oiseau orange — toutes les couleurs de l'arc-en-ciel réunies.

D'une taille élevée, elle provoquait la joie lorsqu'elle laissait sortir de ses lèvres lippues un mince filet de voix pour chanter une berceuse.

Elle fut l'héroïne d'une aventure bien curieuse ; à qui la question des huissiers donne de l'à propos :

Un jour elle fut poursuivie à boulet rouge par un ignoble usurier de la rue Montmartre. L'huissier arriva, accompagné de ses praticiens et de son premier clerc, celui-ci avait la mission spéciale de dénicher les bijoux que l'on savait qu'elle possédait, mais que jamais aucun huissier n'était parvenu à saisir.

Le clerc, un brave garçon, bien connu au *Divan* pénétra dans la chambre à coucher, pendant que l'Huissier instrumentait dans le salon, et il trouva Kadoudja négligemment étendue sur une chaise longue, il lui demanda où étaient les bijoux ? elle se leva, fit jouer un ressort dissimulé dans un panneau du lit, et tira un tiroir ; le clerc ébloui, le referma aussitôt en lui disant :

— On ne montre pas ça à des huissiers.

Jamais on ne put saisir les diamants.

Une autre fois elle fut moins heureuse : en se couchant elle négligea de placer dans la fameuse cachette, sa montre, sa chaîne, un bracelet et quelques bagues, ces bijoux étaient placés dans une coupe, sur la cheminée, elle entendit la bonne ouvrir la porte, à la voix, elle reconnut les visiteurs, elle n'eut que le temps de sauter à bas de son lit, de jeter les bijoux dans le pot de chambre, de retrousser sa chemise et de s'asseoir sur le pot. L'huissier entra aussitôt ; la bienséance lui ordonnait de se retirer, mais les huissiers ne connaissent pas cela, flairant quelque chose, il voulut la faire lever, elle résista ; enfin, voyant que c'était peine perdue, elle s'oublia réellement dans le pot, et le tendit tout fumant à M° *Parlanta* qui en prit plus avec son nez qu'avec une pelle, mais il eut la compensation de voir à l'œil, malgré sa couleur chocolat, qu'elle était fort bien en... *demi-lune !*

A propos d'huissier, j'avais un chien nommé Jack qui était leur terreur, son flair ne le trompait jamais, chaque fois que je recevais la visite d'un de ces sans-pitié qui n'avait pas été assez *arrosé*, Jack grondait, et lui sautait sur le bas de son pantalon qu'il déchirait à pleines dents en mordant parfois la chair, c'était pourtant un piètre régal que de la chair d'huissier.

— Mais appelez donc votre chien, disait l'huissier avec fureur.

— Ce n'est pas ma faute, si Jack n'aime pas l'odeur du papier timbré !

La seconde partie des Souvenirs de Montmartre et du Quartier Latin, *qui paraitra fin août, contiendra les sommaires suivants :*

VI

Les Vendredis du « Divan ». — Conférence sur la chanson par Ch. Virmaitre. — Une fantaisie de grands Seigneurs. — Soirée agitée. — Un préfet de Police grincheux. — La Chasse aux chanteurs. — La Chanson et l'Atelier. — De 1830 à 1848. — Le père Rousseau. — Le moyen de vivre heureux. — La Complainte de Latude. — Emile Farde. — Le Duc d'Orléans. — Emile Tellé. — Le ténor du trottoir. — Hubert d'Angers. — Beaumester. — Le p'tit Homère de la Bastille. — Les deux Grecs. — Les filles de marbre. — Bouvard l'homme à la Vessie. — La Vigne. — Le garçon de moulin. — Pierre Dupont fabuliste. — Le Marquis. — Les quatre ages du cœur. — Edouard Plouvier. — Le Petit père Vinet. — Charles Colmance. — Michel le Grelé. — La Polka Maub'. — Alexis Dalés. — C'est plus fort que de jouer au bouchon. — Charles Gille. — La Chanson patriotique. — Les Cosaques. — Paulin Menier. — Un cri national[1]. — Conclusion.

VII

Le premier Guignol Lyonnais. — Guignol et Marionnettes. — Les Types de Gnafron, Guignol, Cadet et Madelon. — Guignol marchand de vins. — Un vœu de pochard. — La couleur locale. — Le Guignol du Divan Japonais. — Des vers de quinze pieds. — La parodie de *l'Africaine*. — Expressions pittoresques. — Les rouleaux et le battant du Canut au Mont-de-Piété. — Montaigus et Capulets. — Vive Boulanger. — En r'venant de la revue. — Les Danseuses Espagnoles. — La belle Paquita. — L'Espagnole des Batignolles. — Des vers libres. — Vers encore plus libres. — Une révélation. — Don Sarrazino comte d'Olivarès. — L'Espagnole de Montmartre. — Toutes les langues en Français.

VIII

Une soirée mémorable. — La conspiration des vingt cinq mille adresses. — Des Engins pour rire. — Souvenir des étudiants. — Un envahissement inusité. — La manifestation sur la tombe de Baudin. — Toute la police sur pied. — Une conspiration au Divan Japonais. — Une cuisine bien faite. — La parole est d'argent, le silence est d'or. — Le club des saisons. — L'Etat-major de la préfecture de Police dans la cuisine. — Un discours de circonstance. — Rire et Boire voilà la vie. — Un souhait fraternel. — Mes artistes à la fête. — Dans l'attente d'une révolution. — Une scie populaire. — Immense beuverie. — Paris sur un volcan. — Ténacité et clairvoyance de la police. — La France est sauvée. — Illusion durable.

IX

Le rôle d'amuseur. — Victor Meusy. — Ce n'est pas ça. — Un chansonnier de talent. — La terrible faucheuse. — Mac-Nab. — Le croquemort de la chanson. — Montmartre Saturne. — Le poëte Gilbert. — Albert Tinchant. — J'ai le nez rouge et c'est ma femme qui boit. — Triste fin. — *Adrien Desamy*. — Le cimetière c'est le paradis. — Charles Cros. — Maison-la-Cuite. — Ernest Hochedé. — M. Macaron. — Un huissier grincheux. — Le duel à la pilule. — Un enterrement pas ordinaire. — Marcel Legay. — Une redingote à sous-pieds. — Les derniers poètes chevaliers. — Jules Jouy. — Je fais travailler dans les prisons. — Paul Delmet. — Alphonse Allais — Un pince sans rire joyeux. — Une bonne charge. — Allez vous recoucher. — Un abus de pouvoir. — Amour et Prudence. Georges Auriol. — Gavroche et le facteur. — Tous au Poste. — Voulez-vous voir ma fesse ? — C'est mon frère.

Annonay. — Imp. J. ROYER

www.ingramcontent.com/pod-product-compliance
Lightning Source LLC
LaVergne TN
LVHW020953090426
835512LV00009B/1875